音视频
普及版

国学传世经典名师导读丛书

【战国】

吕不韦◎著

总主编 胡大雷

主编 殷祝胜

吕氏春秋

漓江出版社

图书在版编目（CIP）数据

吕氏春秋／（战国）吕不韦 著；胡大雷总主编；
殷祝胜主编. -- 桂林：漓江出版社，2025.1
（国学传世经典名师导读丛书）
ISBN 978-7-5407-9562-7

Ⅰ．①吕… Ⅱ．①胡… Ⅲ．①《吕氏春秋》-研究
Ⅳ．①K231.04

中国版本图书馆 CIP 数据核字（2023）第 194289 号

吕氏春秋　LVSHICHUNQIU

著　　者	【战国】吕不韦
总　主　编	胡大雷
主　　编	殷祝胜

出　版　人	梁　志
策划统筹	林晓鸿　陈植武
责任编辑	林晓鸿
助理编辑	陈丽君
装帧设计	林晓鸿　红杉林
责任监印	杨　东

出版发行	漓江出版社有限公司
社　　址	广西桂林市南环路 22 号
邮　　编	541002
发行电话	010-65699511　0773-2583322
传　　真	010-85891290　0773-2582200
邮购热线	0773-2582200
网　　址	www.lijiangbooks.com
微信公众号	lijiangpress

印　　制	河北赛文印刷有限公司
开　　本	710 mm×1000 mm　1/16
印　　张	13
字　　数	187 千字
版　　次	2025 年 1 月第 1 版
印　　次	2025 年 1 月第 1 次印刷
书　　号	ISBN 978-7-5407-9562-7
定　　价	36.80 元

前言

胡大雷

古今中外都说"上学读书"。读什么书，其中之一就是读国学经典。习近平总书记说："实现中国梦必须走中国道路、弘扬中国精神、凝聚中国力量。"中国精神，体现在中国人的行为实践中，也体现在国学经典里。国学经典集中传统文化的精华,把古往今来中国人的行为实践概括为语言文字，凝聚为学术知识。

从国学经典里，我们可以读到什么、学到什么？

第一，我们学到了中国人治国理政的作为、做人做事的规范。古代的"经书""垂世立教"，就是用以传承的治国理政的纲要，读"经书"，就是要懂得做人的规范，比如《论语》倡导的"仁礼孝德""温良恭俭让"等。做人要诚己刑物，以自己的真诚去匡正社会。

第二，我们坚定了以爱国主义为核心的民族精神，以此凝聚与铸牢中华民族共同体意识。《春秋》讲"大一统"，所谓"六合同风，九州共贯"；司马迁《史记》讲"大一统"，"大一统"是贯穿中华民族爱国主义精神的一条红线，成为中华民族的精神基因。从《诗经》到屈原的《离骚》，从杜甫的诗句中，从文天祥的《正气歌》、林则徐等人的作品中，我们看到国学经典中有着怎样的对国家民族的期望。爱国主义精神又体现在"天下兴亡，匹夫有责"的名言以及范仲淹"先天下之忧而忧，后天下之乐而乐"的豪言壮语中。

第三，我们读到了中国人的智慧。老子《道德经》说："上善若水，水善利万物而不争。"而且如此智慧的语言又体现在执行能力上，习近平总书记提出，领导者要有老子《道德经》所说"治大国，若烹小鲜"的态度。孟子云："穷则独善其身，达则兼济天下。"道儒两家为人处世的智慧体现在其中。《庄子》讲"无以人灭天，无以故灭命"，教导我们要与自然相适应；

讲"言者所以在意，得意而忘言"，昭示我们要探究事物更深层面的道理。墨子讲"言有三表"，指明判断真理的几大标准。孟子讲"说诗者，不以文害辞，不以辞害志"，讲知人论世，以智慧去实施文学批评。这些都值得当代人借鉴。

第四，我们读到了中国人建设美好家园的奋斗精神。国学经典中多有告诉我们如何通过奋斗来实现生活目标的叙写，如"愚公移山"。习近平总书记指出："我们要立下愚公移山志，咬定目标、苦干实干，坚决打赢脱贫攻坚战。""让我们大力弘扬愚公移山精神，大力弘扬将革命进行到底精神，在中国和世界进步的历史潮流中，坚定不移把我们的事业不断推向前进，直至光辉的彼岸。"这些重要论述，赋予传统文化中的奋斗精神以新的时代内涵。

第五，我们得到了文学的享受。国学经典各有文体，它们尽显各自的风采。从语言格式来说，有《诗经》的四言、《楚辞》的"兮"字，又有五言、七言及其律化，曲词的长短句，无所不用，只求尽兴尽情。除诗以外，文分散、骈，不拘一格，无不朗朗上口，贴切合心。从表达功能来说，或抒情，或说理，或叙事，使读者赏心悦目，便是上乘之作。

我们是中华民族的传人，一呱呱落地，就接受着传统文化的阳光雨露。我们每一个中国人，无论老幼，无论从事什么职业，都应该善于学习，多读国学经典。中华文化是我们的精神家园，国学经典是我们精神家园的文本载体。今天，我们读国学经典，就是树立做一个中国人的根本，就是为了传承中华优秀传统文化，令其生生不息，并赋予其新的时代内涵。

为了帮助广大读者学习和阅读国学经典，强化记忆，编者精心选编了这套国学经典丛书，设置名师导读、原文、注释、译文、名师点评、延伸阅读、学海拾贝或思考问答等版块，对原著进行分析解读，并在每本书中附加60分钟左右的音视频，范读内容均为经典段落、格言警句或诗词赏析。本套书参考引用了历代学者或今人的研究成果，未能详细列出，在此特别说明，并对众多国学研究者的辛勤劳动致以谢忱！

书 路 领 航

作者简介

　　吕不韦（？—前235），战国后期卫国濮阳（今河南濮阳西南）人，原本是阳翟（今河南禹州）一带的富商，家财万贯，富甲一方。他经常到各地经商。当他去往赵国的邯郸做生意时，发现秦国公子异人在赵国当人质。异人流亡在外，处境艰难，无人重视和尊重。因异人本是秦国庶出公子，在秦国地位低下，且当时秦、赵两国经常交战，所以赵国对他总是倨傲无礼。吕不韦看到这种情况后，立刻意识到在异人身上投资可以换来难以估计的巨大利润，认为异人"奇货可居"，不可失去。

　　当时秦昭襄王立了安国君为太子，安国君的妻子华阳夫人无子，吕不韦便借此机会向异人游说，说可以帮助他继承王位，异人非常感激，表示事情若成必有回报。后来吕不韦用了各种手段斡旋于秦国各方势力，用大量金钱资助异人，博得了华阳夫人的信任。吕不韦成功地游说华阳夫人认异人为子，将其改名为子楚，后立为太子。安国君继承王位不到一年的时间便死了，公元前249年子楚顺利继承了王位，成为秦国的国君，即秦庄襄王。

　　即位后，秦庄襄王任吕不韦为丞相，封他为文信侯，赐蓝田十二县、河南洛阳十万户作为他的食邑，吕不韦一时权倾朝野。秦庄襄王即位三年后病逝，秦王嬴政继位，但因年仅十三岁，只能尊吕不韦为相国，并尊称他为"仲父"，让其辅政。吕不韦执政达十余年之久，其间，他主张战争，大举出兵，灭东周，攻取韩、赵、魏之地，沉重打击了东方各诸侯国，扩充了疆土，建立了三川、太原、东郡，使秦国的实力增强，为秦国的统一大业做出了贡献。在内政方面，吕不韦招贤纳士，收罗了大批的人才，尤其引进了大量儒士。在经济上，他主张尚农，兴修水利，鼓励发展工商业，使国家获得了经济上的全面发展。这时，国家大政方针都掌握在吕不韦手里。

随着秦王嬴政逐渐长大，开始对吕不韦心生不满。吕不韦位极人臣，权势熏天，专权严重，私太后，进嫪（lào）毐（ǎi），其制定的许多政策都与秦王的意愿不相符，君臣矛盾日益加深。在秦王嬴政执政后的第十年，因嫪毐叛乱，事联吕不韦，秦王嬴政罢免了吕不韦的相位，命他出居食邑河南，后来又将他迁往蜀地。吕不韦见自己被逼迫至此，感到忧伤恐惧，觉得大势已去，便饮鸩而死。

创作背景

战国时期社会经济发展迅速，各国之间虽然处于长期混战局面，但经济、文化交流却很密切。自吕不韦灭东周后，天子已成空位，同时百家争鸣已近尾声，各国由对立开始走向融合，到战国后期，实现全国统一已成为时代发展的必然趋势。

当时各国都想通过兼并战争实现统一，秦国变法比较彻底，在经济、政治、军事各方面取得了压倒性的优势。吕不韦认识到这一点，感到秦国统一天下不难，难的是如何守住天下。为完成统一大业，为适应政治需要和统一的意识形态需要，为实现秦帝国的长治久安，也为了维护和巩固自己的权势，作为秦国丞相的吕不韦，广泛招揽门客，并组织门客把各自见识写下来。等文章交上来时，写什么的都有，五花八门，包罗万象，古往今来、兴废治乱、上下四方、士农工商，都有论及。吕不韦又挑选了几位高手对文章进行筛选、归类、删定，将文章综合在一起，于公元前239年编纂完成了二十多万字的《吕氏春秋》。当时吕不韦反对秦国向来独尊法家的传统政策，他提出了自己的一套理论，为秦国统一天下和以后的长治久安提供了理论基础和治国方略。吕不韦主持编纂的这部书体现了他的意图和思想，反映了他的才略和抱负。《吕氏春秋》是秦国统一天下的需要，也是吕不韦追求功名的需要。如果说百家争鸣与当时诸侯争霸的政治形势相适应，那么《吕氏春秋》也是在秦国统一天下的政治形势中产生的。但后来秦始皇没有完全采纳他的思想观点和治国方略，使其部分想法落空了。

内容提要

　　《吕氏春秋》是战国末年秦国丞相吕不韦组织门客编纂的杂家著作，集儒、墨、名、法、道、兵、农等多家学派思想于一体。本书于公元前239年写成，分为十二纪、八览、六论，总共一百六十篇。其内容包罗万象，结构完整，体系完备，阐述了天地古今万物之理。书中思想以儒、道两家为主，学习老子顺应客观自然环境的思想，有消极避世成分。书中涉及政治、经济、哲学、道德、军事等各个方面，还有珍贵的医学、音乐、天文、历法、农业等资料。

　　书中探讨了宇宙本源的问题。战国时期各个流派对此争论不已，没有定论，而书中阐述宇宙是由"精气"即物质构成，体现了可贵的朴素唯物主义思想。书中也提出了君道虚、臣道实等政治思想，体现了民本思想，认为应该把民众的力量重视起来。

　　吕不韦善于综合百家精华，总结历史经验。书中提出了"法天地""传言必察"等思想，认为天、地、人三者之间应顺其自然，各得其所，便能达到无为而治；阐述了适情节欲、通过运动来去除郁结的养生之道；表现了重生轻物、大公无私、勉励学习、尊重老师的思想；还规劝君主应该重用贤才、具有远见、善于纳谏、谨言慎行、赏罚分明等。

　　《吕氏春秋》对各家思想有所继承和扬弃，吸收了各家思想合理进步的部分，重新组合优化，自成一家，力图超越门户之见，体现了兼收并蓄、海纳百川的气度。战国末期政治趋向统一，各家思想走向融合。《吕氏春秋》博采众长，其目的在于指导秦国兼并六国，为大一统王朝的建立和天下的长治久安奠定理论基础，其学说闪烁着智慧的光芒，在中国古代思想史上占有重要地位。

目录

CONTENTS

本 生

名师导读

　　"本生"就是以保全生命为根本。作者认为外物可养生也可伤生，保全生命之方法在于正确处理人与物的关系，使万物皆服务于人的天性。圣人重生，以物养性，因而得以保全生命；富贵之人重物，以物伤性，其结果必导致伤生乃至亡国。作者言论是为规劝骄奢淫逸的君主而发。

【原文】

　　始生之者，天也；养成之者，人也。能养天之所生而勿撄①之谓天子。天子之动也，以全天为故者也。此官之所自立也。立官者，以全生也。今世之惑主，多官而反以害生，则失所为立之矣。譬之若修兵者，以备寇也。今修兵而反以自攻，则亦失所为修之矣。

　　夫水之性清，土者抇②之，故不得清。人之性寿，物者抇之，故不得寿。物也者，所以养性也，非所以性养也。

　　今世之人，惑者多以性养物，则不知轻重也。不知轻重，则重者为轻，轻者为重矣。若此，则每动无不败。以此为君，悖；以此为臣，乱；以此为子，狂。三者国有一焉，无幸必亡。

今有声于此，耳听之必慊③，已听之则使人聋，必弗听。有色于此，目视之必慊，已视之则使人盲，必弗视。有味于此，口食之必慊，已食之则使人喑④，必弗食。是故圣人之于声色滋味也，利于性则取之，害于性则舍之，此全性之道也。世之贵富者，其于声色滋味也，多惑者。日夜求，幸而得之则遁⑤焉。遁焉，性恶得不伤？

万人操弓，共射一招⑥，招无不中。万物章章，以害一生，生无不伤；以便一生，生无不长。故圣人之制万物也，以全其天也。天全，则神和矣，目明矣，耳聪矣，鼻臭矣，口敏矣，三百六十节皆通利矣。若此人者，不言而信，不谋而当，不虑而得；精通乎天地，神覆乎宇宙；其于物无不受也，无不裹也，若天地然；上为天子而不骄，下为匹夫而不惛⑦。此之谓全德之人。

扫码看视频

贵富而不知道，适足以为患，不如贫贱。贫贱之致物也难，虽欲过之，奚⑧由？出则以车，入则以辇，务以自佚⑨，命之曰"招蹶⑩之机"。肥肉厚酒，务以自强，命之曰"烂肠之食"。靡曼皓齿⑪，郑卫之音，务以自乐，命之曰"伐性之斧"。三患者，贵富之所致也。故古之人有不肯贵富者矣，由重生故也；非夸以名也，为其实也。则此论之不可不察也。

【注释】

① 撄：触犯，伤害。

② 㧁（gǔ）：搅乱，搅浑。

③慊：满足。

④喑：哑。

⑤遁：通"循"，这里指没有节制。

⑥招：箭靶。

⑦悗（mèn）：通"闷"，忧闷。

⑧奚：何。

⑨佚：安逸舒适。

⑩蹶（jué）：病名，指脚不能行走。

⑪靡曼皓齿：指美色。靡曼，皮肤细腻。皓，洁白。

【译文】

最初创造生命的是天，养育生命并使之成长的是人。能养育上天所创造的生命而不伤害它，这样的人叫作天子。天子的行动，是以保全人的天性和生命为第一要务。这也是设立官职的初衷。设立官职，正是用以保全生命。现在的君主真是糊涂，滥设大量官职，反

而妨害生命，这样一来设立官职的本来意义就丢失了。譬如训练军队，是为了防备贼寇。现在训练军队却反而用来攻击自己，这就失去了训练军队的本来意义了。

水本来是纯净清澈的，但泥土把它搅浑了，因此水就无法保持纯净清澈。人本来是长寿的，但是对物质的欲望影响了他，所以他就不能长寿。身外之物是用来供养生命的，而不是以损耗生命来供养的。

现如今糊涂的世人总是用生命供养外物，这就是不知轻重。不知轻

重，那么本应被重视的就成了被轻视的，本应被轻视的就成了被重视的。如此，每次行动，无不失败。以这种方式做国君，就会惑乱糊涂；以这种方式做臣民，就会败乱纲纪；以这种方式做儿子，就会狂妄无礼。这三种情况里，国家只要出现其中一种，就无可幸免，必定灭亡。

假如有一种美妙的声音，耳朵听了一定会满足，但是听了会使人耳聋，那人们一定不会去听。假如有一种色彩，眼睛看了一定会满足，但是看了会使人眼瞎，那人们一定不会去看。假如有一种美味，嘴巴吃了一定会满足，但是吃了之后会使人变哑，那人们一定不会去吃。所以圣人对于声、色、滋味，对生命有利的就取用，对生命有害的就舍弃，这是保全生命的方法。世上富贵的人，对于声、色、滋味，大多很迷惑。他们昼夜不停地追求，一旦有幸得到，就开始放纵而不知节制。放纵而不知节制，生命怎么能不受到伤害呢？

一万人持弓，共同射一个靶子，靶子一定会被射中。万物繁盛茂美，如果用以伤害一个生命，这个生命一定会受到伤害；如果用以扶助一个生命，这个生命一定能够生长。所以圣人统制万物，是用以保全其天性和生命。天性和生命保全了，就会精神平和，目光明亮，听力清晰，鼻子灵敏，语言流畅，三百六十个关节都通畅舒适。像这样的人，不用说话就能得到信任，不用谋划就能处事得当，不用考虑就能有所收获；他的精神通达天地，覆盖宇宙；他对万物无不吸取，无不包容，就像天地一样；像这样的人，上为天子而不骄纵，下为百姓而不忧闷。这就是所谓道德完备的人。

富贵而不懂得养生之道，足以成为祸患，（与其这样）还不如贫贱。贫贱的人获得东西很难，即使想沉湎于物质享受之中，又从何得到呢？出门乘车，进门坐辇，务求安逸舒适，这种车辇应该叫作"招致足疾的器械"。吃肥肉，喝美酒，极力勉强自己吃喝，这种酒肉应该叫作"腐烂肠子的食物"。迷恋女色，陶醉于靡靡之音，极尽享乐，这种美色和音乐应该叫作"砍伐生命之树的利斧"。这三种祸患，都是富贵所招致的。因此古代就有不肯富贵之人了，这是重视生命的缘故；并不是用轻视富贵钓取虚名来夸耀自己，而是为了保全生命。既然这样，那么以上这些道理是不可不明察的。

点名师评

本篇主要阐述了一个道理：生命的保全是一切的根本，而要保全生命，最重要的就是要克制个人对于外在享乐之物的贪婪欲望。如果过度追求物质享受，贪求各种利益，对个人来说会对身体造成损伤，可能危及生命，对君主来说则可能招致亡国。这个道理适用于古人，也适用于现代人。

延伸/阅读

利令智昏

战国时期，赵国的宗室有一位公子名叫赵胜。此人头脑灵活，非常有智谋，曾为赵国立下过汗马功劳。由于最初他的封地是平原县，因此被称为平原君。他担任过赵惠文王和赵孝成王的相国，曾多次被罢免和复职，因此他在诸侯中很有名气。

平原君虽然很有才识，但有时难免被一些利益冲昏头脑，而导致赵国蒙受重大损失。

公元前262年，秦国派大将白起率兵攻打韩国。秦国首先占领了韩国的上党与内地之间的重要通道野王，这样就致使上党受到孤立。

上党的郡守冯亭见上党马上就要失守，他认为投降秦国还不如投降赵国。赵国得到上党后，秦国一定会去攻打它。那时，赵国必将求助于韩国，赵、韩两国联手，就能抵抗秦国了。

　　冯亭做好一切准备，便派人去赵国见赵孝成王，要把上党献给他。赵国的平阳君赵豹认为，无缘无故接受别人的土地必定会招来灾难，而平原君赵胜却极力赞同接受这块土地。最后赵孝成王派平原君到上党接受了这块土地。

　　秦国知道了此事，便派白起为将领，率军攻打赵国，结果赵国四十万大军全军覆没，为此付出了极其沉重的代价。

学海/拾贝

　　☆ 物也者，所以养性也，非所以性养也。

　　☆ 今世之人，惑者多以性养物，则不知轻重也。

　　☆ 世之贵富者，其于声色滋味也，多惑者。日夜求，幸而得之则遁焉。遁焉，性恶得不伤？

　　☆ 贵富而不知道，适足以为患，不如贫贱。

贵 公

本篇主要讲述君主治国理政、平天下"必先公"之理。作者认为君主只有先做到"公"才能实现"天下平"。文章指出天地至公的精神：生育万物而不把它们作为自己的子女，成就万物而不占有，万物受其福泽得其利而不知道这是从哪里来的。劝说君主效法天地，这与老子的思想是一致的。文章指出"天下非一人之天下也，天下之天下也"，主张天下人来治理天下，目的在于强调"万民之主，不阿一人"，而不是否定君主专制，这是需要注意的。

【原文】

昔先圣王之治天下也，必先公。公则天下平矣。平得于公。

尝试观于上志①，有得天下者众矣，其得之以公，其失之必以偏。凡主之立也，生于公。故《鸿范》②曰："无偏无党，王道荡荡。无偏无颇，遵王之义。无或③作好，遵王之道。无或作恶，遵王之路。"

天下非一人之天下也，天下之天下也。阴阳之和，不长一类；甘露时雨，不私一物；万民之主，不阿④一人。

扫码看视频

伯禽将行，请所以治鲁。周公曰："利而勿利也。"

荆人有遗弓者，而不肯索⑤，曰："荆人遗之，荆人得之，又何索焉？"孔子闻之曰："去其'荆'而可矣。"老聃闻之曰："去其'人'而可矣。"故老聃则至公矣。

天地大矣，生而弗子，成而弗有，万物皆被其泽，得其利，而莫知其所由始。此三皇五帝之德也。

管仲有病，桓公往问之，曰："仲父之病矣。渍⑥甚，国人弗讳⑦，寡人将谁属国？"管仲对曰："昔者臣尽力竭智，犹未足以知之也；今病在于朝夕之中，臣奚能言？"桓公曰："此大事也，愿仲父之教寡人也。"管仲敬诺，曰："公谁欲相？"公曰："鲍叔牙可乎？"管仲对曰："不可。夷吾善鲍叔牙。鲍叔牙之为人也，清廉洁直；视不己若者，不比⑧于人；一闻人之过，终身不忘。勿已⑨，则隰朋其可乎？隰朋之为人也，上志而下求，丑⑩不若黄帝，而哀⑪不己若者。其于国也，有不闻也；其于物也，有不知也；其于人也，有不见也。勿已乎，则隰朋可也。"

夫相，大官也。处大官者，不欲小察，不欲小智，故曰：大匠不斫，大庖⑫不豆，大勇不斗，大兵不寇。

桓公行公去私恶，用管子而为五伯长；行私阿所爱，用竖刀⑬而虫出于户。

人之少也愚，其长也智。故智而用私，不若愚而用公。日醉而饰服，私利而立公，贪戾而求王，舜弗能为。

【注释】

①上志：古代记载。

②《鸿范》：《尚书·周书》中的一篇，又名《洪范》。

③或：作语助，无实义。

④阿：偏袒。

⑤索：寻找。

⑥渍：病。

⑦讳：避讳。

⑧比：并列，齐等。

⑨勿已：不得已。

⑩丑：用作动词，以……为耻。

⑪哀：同情，怜惜。

⑫庖：厨师。

⑬竖刀：齐桓公近侍。或作竖刁。

【译文】

　　以前，先代圣主治理天下的时候，一定会把公正无私放在第一位。如果做到公正无私，天下就平定了。天下获得平定正是因为公正无私的实现。

　　试看古代的记载，曾经得到天下的人是很多的，如果说他们取得天下是因为公正无私，那么他们失去天下一定是因为偏颇有私。大凡国君地位的确立，都是因为公正无私。因此《鸿范》中说："不偏私不结党，王道平坦宽广。不偏私不倾侧，遵循先王道义。不要任意施加个人偏好，遵循先王的大道。不要任意施加个人憎恶，遵循先王的正路。"

　　天下不是某一个人的天下，而是天下百姓的天下。阴阳调和，使万物生长，而不是仅仅使一种物类生长；适宜时节降下的甘露和雨水，滋润万物，而不只偏私一种物类；万民的君主，利于万民，而不偏袒某一个人。

　　周公之子伯禽将去鲁国，在临行前向父亲请教治理鲁国的方法。周公说："要注意利民而不要只考虑利己。"

有个荆人遗失了弓箭，却不肯去寻找，他说："荆人遗失了弓箭，一定是荆人得到了它，又何必去寻找呢？"孔子听到这话，说："去掉'荆'这一国别就好了。"老聃听到这话，说："去掉'人'这一限制就好了。"所以老聃才是最具有公心的人。

天地真伟大啊，生育了万物而不把它们作为自己的子女，造就了万物而不把它们据为己有，万物都蒙受天地的恩泽，享受天地的利益，却不知道这些是从哪里来的。这就是三皇五帝的德政。

管仲得了重病，齐桓公去探问他，说："仲父，您的病很严重啊。如果病情危急，国内百姓都无法避讳这件事，那么我将把国家托付给谁呢？"管仲回答说："从前我尽心竭力，尚且不足以了解可以托付国家的人选；如今病重，命悬一线，又怎么能说得出呢？"齐桓公说："这是国家大事，希望仲父您指点我啊。"管仲恭敬地答应了，说："相国之位，您打算让谁担任呢？"齐桓公说："鲍叔牙可以吗？"管仲回答说："不行。我和鲍叔牙交情很好。鲍叔牙为人清正廉洁，刚直不阿，不能平等看待不像自己（那样正直）的人；一旦听到别人的过错，一辈子也不能忘记。如果不得已，一定要选一个人的话，隰朋可以吗？隰朋的为人，既能识别贤人而效法他们，又能不耻下问，常常以自己赶不上黄帝为耻，又怜惜不如自己的人。对于治国理政，他不会去过问细枝末节；对于事物，不需要了解的他就不去了解；对于别人，他不刻意去寻找小毛病。一定要我推荐相国人选的话，那么隰朋是合适的。"

一国之相，是很大的官职。当大官的人，不要只盯着小事，不要耍小聪明，所以说：大工匠只注意总体的设计而不亲自挥斧弄凿，大厨师只着意调和五味而不亲自拨弄锅碗瓢盏，大勇之士只指挥战斗而不亲自临阵厮杀，正义的军队只征讨叛逆而不骚扰百姓。

齐桓公厉行公正，摒弃个人爱憎，重用同自己有仇的管仲，终成为五霸之首；但后来因为有所偏私，庇护所爱，重用竖刀，而导致身死国乱，不得殡殓，尸虫流出门外。

人在年轻时，幼稚无知，愚蠢蒙昧，长大后就聪明起来。但是如果聪明却用来行私，那么还不如蒙昧而行其公正。整天醉醺醺的，却要整饬衣冠，自私自利却妄图树立公正，贪婪残暴却想成就一番王业，即便是让舜来做，也做不到。

名师点评

本篇是在阐述君主治理国家之道，强调"必先公"这个道理。"天下非一人之天下也，天下之天下也"，这话虽不是为民主而发，却带有民主色彩，是民主思想的萌芽，但令人遗憾的是，随着秦始皇统一天下，这难得的民主萌芽被消灭了。文章认为，一国之君只有做到公正无私，知人善任，不因私偏公，心胸宽广，国家才能实现太平，各级官员也要如此，百姓才能安定。只有公正无私的人才能得到大家的拥护和爱戴，这种情况不仅在古代如此，在今天也不例外，所以我们一定要努力做一个公正无私的人。

延伸／阅读

颜真卿公直不屈

颜真卿字清臣，别号应方。作为一名书法家，颜真卿擅长行书、楷书，并创"颜体"楷书。颜真卿与赵孟頫、柳公权、欧阳询并称"楷书四大家"，又同柳公权并称"颜柳"。

提起颜真卿，大多数人都知道他是历史上著名的大书法家，其实颜真卿还是唐代杰出的忠贞大臣。安禄山起兵叛乱时，河北二十余郡望风而降，唯有他以小小的平原郡，孤军抵抗，誓不降贼，成为抗击叛军的中流砥柱，赢得唐玄宗极大的赞赏。此后，他历经唐肃宗、代宗和德宗数朝，官至吏部尚书、太子太师，德高望重，为天下所景仰。

颜真卿和卢杞两家曾是世交，父辈曾携手并肩浴血沙场，为刎颈之交，但卢杞在自己羽翼丰满之后，却容不下颜真卿这样的老前辈。最初，卢杞想把颜真卿挤出朝廷，便问他："想安排你去外地任职，你看哪里比较合适？"

颜真卿在朝堂中当众答道："我这个人由于性情耿直一直被小人憎恨，遭到贬斥流放也不是一次两次了。如今我老了，希望你能有所庇护。当年安禄山杀害了你的父亲，将首级传到我这里，以威胁我投降，我见到你父亲脸上的血迹，不敢用衣巾擦拭，而是用舌一一舔干净，难道你就忍心不容下我吗？"

几句话说得卢杞脸色绯红，心中却更痛恨了。不久，割据淮西的节度使李希烈起兵反叛朝廷，自称天下兵马元帅，气势汹汹，很快便攻下了汝州，引起朝野很大的震动。德宗问卢杞如何平息叛乱，卢杞决心利用这个机会除掉颜真卿，便对德宗说："李希烈是个年轻的悍将，恃功傲慢，他的部下不敢阻止他。如果朝廷能派出一位儒雅重臣，向他宣示陛下的恩德，陈述逆顺祸福的道理，李希烈必然会革心悔过，这样就不必大动干戈而将他收服。颜真卿是四朝重臣，忠直刚强，名重海内，人人敬服，他去最为合适。"

这番话表面上说得冠冕堂皇，似乎完全是为了迅速平叛，丝毫没有陷害颜真卿之意，因此不辨

忠奸的德宗皇帝完全听从了卢杞的意见，但朝中有识之士无不为之震惊。有人上书朝廷说："让一位元老重臣去送死，这是国家的耻辱！请将颜真卿留下吧！"也有人劝告颜真卿说："你这一去必然会遇害，最好暂且留下来，看一看朝廷会不会有新的平乱措施。"颜真卿慨然道："国君之命，怎能不从？"

颜真卿义无反顾，受命即行。到了李希烈那里以后，李希烈使出各种手段，用尽威逼利诱之能事，时而派出一千多名士兵，拔出匕首，围着颜真卿张牙舞爪，似乎要将他一刀一刀地割碎生吃；时而又在颜真卿住的馆舍挖个大坑，声言要将他活埋；时而又架起干柴，浇上油，燃起熊熊烈焰，威胁要烧死他；时而又劝他拥戴自己为天子，并许诺封他为宰相。对这一切颜真卿均不为所动，大义凛然，最终英勇就义。

颜真卿不仅书法好，品德也高洁，他用行动彰显了一个文人应有的气节。我们做人也要秉公正直、有气节，不可屈意媚附权势。

学海/拾贝

☆ 尝试观于上志，有得天下者众矣，其得之以公，其失之必以偏。

☆ 天下非一人之天下也，天下之天下也。

☆ 天地大矣，生而弗子，成而弗有，万物皆被其泽，得其利，而莫知其所由始。

去 私

名师导读

　　本篇讨论了"去私"（即去除私心）的表现及其重要性。先以大自然的现象来说明什么叫"去私"及"去私"的重要意义，然后以尧舜禅让、祁奚荐贤、腹䵍诛子三个事例具体展现"去私"的境界，最后特别点出君主"去私"对于其成就王霸大业的必要性，即君主只有"诛暴而不私"，才"可以为王伯"。

【原文】

　　天无私覆也，地无私载也，日月无私烛①也，四时无私行也。行其德而万物得遂长焉。

　　黄帝言曰："声②禁重，色禁重，衣禁重，香禁重，味禁重，室禁重。"

　　尧有子十人，不与其子而授舜；舜有子九人，不与其子而授禹：至公也。

　　晋平公问于祁黄羊曰："南阳无令，其谁可而为之？"祁黄羊对曰："解狐可。"平公曰："解狐非子之仇邪？"对曰："君问可，非问臣之仇也。"平公曰："善。"遂用之。国人称善焉。居有间③，平公又问祁黄羊曰："国无尉，其谁可而为之？"对曰："午可。"

平公曰："午非子之子邪?"对曰："君问可，非问臣之子也。"平公曰："善。"又遂用之。国人称善焉。孔子闻之曰："善哉，祁黄羊之论也! 外举不避仇，内举不避子。"祁黄羊可谓公矣。

墨者有巨子④腹䩄⑤，居秦，其子杀人，秦惠王曰："先生之年长矣，非有他子也，寡人已令吏弗诛矣，先生之以此听寡人也。"腹䩄对曰："墨者之法曰：'杀人者死，伤人者刑。'此所以禁杀伤人也。夫禁杀伤人者，天下之大义也。王虽为之赐，而令吏弗诛，腹䩄不可不行墨者之法。"不许惠王，而遂杀之。子，人之所私也。忍所私以行大义，巨子可谓公矣。

庖人调和而弗敢食，故可以为庖。若使庖人调和而食之，则不可以为庖矣。王伯之君亦然。诛暴而不私，以封天下之贤者，故可以为王伯。若使王伯之君诛暴而私之，则亦不可以为王伯矣。

【注释】

①烛：照耀。

②声：音乐。

③有间：不久，一会儿。

④巨子：战国时墨家学派对其领袖或在本学派有重大成就的人的尊称。

⑤腹䩄（tūn）：人名。腹，姓。䩄，名。

【译文】

天覆盖万物而无所偏私，地承载万物而无所偏私，日月照耀万物而无所偏私，四季更迭而无所偏私。天地、日月、四时普施恩德，万物才得以生长。

黄帝说："音乐禁止淫靡，色彩禁止炫目，衣服禁止厚热，香料禁止浓烈，饮食禁止丰美，宫室禁止高大。"

尧有十个儿子，但他不把君位交给他的儿子而交给了舜；舜有九个儿子，但他不把君位交给他的儿子而交给了禹：（尧和舜）真是大公无私到了极点啊。

晋平公向祁黄羊问道："南阳没有县令，谁可以担任呢？"祁黄羊回答说："解狐可以担任。"晋平公说："解狐不是你的仇人吗？"祁黄羊回答说："您问的是可以做地方官的人，不是问谁是我的仇人呀。"晋平公说："好。"于是就让解狐做了地方官。国内的人民对此都很称赞。过了不久，晋平公又问祁黄羊："国家缺个军尉，谁能担任呢？"祁黄羊回答说："祁午可以担任。"晋平公说："祁午不是你的儿子吗？"祁黄羊回答说："您问的是谁可以担任军尉，不是问谁是我的儿子呀。"晋平公说："好。"于是让祁午做了军尉。国内的人民对此也都很称赞。孔子听到了这件事，说："祁黄羊说的话太好了！推荐外人不回避仇敌，推荐家人不回避自己的儿子。"祁黄羊可以称得上公正无私了。

墨家有个大师叫腹䵍，客居在秦国，他的儿子杀了人，秦惠王说："先生的年岁大了，也没有别的儿子，我已经命令官吏不杀他了，先生在这件事情上要听我的。"腹䵍回答说："墨家的法规规定：'杀人的人要处死，伤害人的人要受刑。'这样才能禁绝杀人、伤人的行为。禁绝杀人、伤人的行为，这是天下的大义。君王虽然赐予我恩惠，让官吏不杀我的儿子，我腹䵍却不能不施行墨家的法规。"腹䵍没有答应秦惠王，最终杀掉了自己的儿子。儿子，是人们所偏爱的。忍心割舍自己所偏爱的而推行大义，腹䵍可称得上大公无私了。

厨师烹调各种食物而自己却不敢私自食用，所以才可以做厨师。如果厨师烹调各种食物而私自食用，这样的人就不能做厨师。立志建立王霸之业的君主也是这样。诛除暴虐但不把战利品掠为己有，而用来封赏天下贤能的人，所以才能成为建立王霸之业的君主。如果立志建立王霸之业的君主诛除暴虐却把战利品掠为己有，就不能成为建立王霸之业的君主了。

名师点评

本篇讨论的是无私的重要性，和前篇《贵公》可以说是姊妹篇。文中列举了祁黄羊"外举不避仇，内举不避子"和墨家巨子大义灭亲依法处置自己儿子的事迹，虽然主要还是为了劝诫君主"不私"，为其成就霸业献策，但对于现代的普通人也有一定的教育意义——只要不偏不私，公正办事，努力向目标前进，普通人同样也能获得自己事业的成功。

延伸/阅读

开诚布公

三国时期，蜀国的丞相诸葛亮是一个很有智谋的军事家和政治家。他对蜀主刘备非常忠心，因此深得刘备的信任和重用。刘备临终前将诸葛亮叫到身边，说："你的才能是曹丕的十倍，是不可多得的治国安邦的人才，我就将刘禅托付给你了。如果我的儿子能辅佐就辅佐他，如果他实在不成器，那就不要顾及情面，你就取而代之吧！"

刘备死后，刘禅即位。诸葛亮用尽全力来辅佐刘禅治理国家，可是生性懦弱无能的刘禅整天只知吃喝玩乐，根本没有心思去理朝政。尚书令李严见状，劝诸葛亮进爵称王，不料诸葛亮非常严肃地对他说："先帝将刘禅托付给我，是对我的信任。他如此器重我，让我做丞相，我怎能在讨伐曹魏大事还未成功之时，就妄自加官进爵？那我岂不成了不忠不孝之人？"

诸葛亮治国治军一向以理服人，大公无私。参军马谡是他非常器重的一位将军，他与诸葛亮的感情也非常好。但由于马谡违反军规，导致街亭失守，诸葛亮严守军规，挥泪将他斩首。马谡在临刑前给诸葛亮上书说："虽死无恨于九泉。"

街亭的失守，导致赵云、邓芝在箕谷也打了败仗，诸葛亮承担了指挥不当的责任，主动上书连降三级，降为右将军。他还主动要求下属给他指出缺点和错误。他相信，只要认真吸取经验和教训，那么"事可定，胜利可望"。

公元 234 年，诸葛亮由于积劳成疾，病死在军中。他一生清贫，没有给自己的家人和后代留下任何产业。

《三国志》的作者陈寿说诸葛亮"开诚心，布公道"，这是对他一生很好的总结。

学海/拾贝

☆ 天无私覆也，地无私载也，日月无私烛也，四时无私行也。
☆ 声禁重，色禁重，衣禁重，香禁重，味禁重，室禁重。
☆ 杀人者死，伤人者刑。

季春纪

尽数

名师导读

尽数，即终其寿数。本文主要讨论养生之道，因为善于养生，才能终其寿数。如何养生呢？本文从正反两方面进行了论述：从消极的方面说，就是要懂得"去害"，即避免五味、五情、七候过度以危害生命；从积极的方面说，就是要坚持运动、坚持正确合理的饮食之道。作者最后还批判了以"卜筮祷祠"等迷信活动祈求治病养生的愚昧思想。

【原文】

天生阴阳、寒暑、燥湿，四时之化，万物之变，莫不为利，莫不为害。圣人察阴阳之宜，辨万物之利以便生，故精神安乎形，而年寿得长焉。长也者，非短而续之也，毕其数①也。毕数之务，在乎去害。何谓去害？大甘、大酸、大苦、大辛、大咸，五者充形则生害矣。大喜、大怒、大忧、大恐、大哀，五者接神则生害矣。大寒、大热、大燥、大湿、大风、大霖、大雾，七者动精则生害矣。故凡养生，莫若知本，知本则疾无由至矣。

扫码看视频

　　精气之集也，必有入也。集于羽鸟，与为飞扬；集于走兽，与为流行；集于珠玉，与为精朗；集于树木，与为茂长；集于圣人，与为夐明②。精气之来也，因③轻而扬之，因走而行之，因美而良之，因长而养之，因智而明之。

　　流水不腐，户枢不蝼④，动也。形气亦然。形不动则精不流，精不流则气郁。郁处头则为肿、为风，处耳则为挶⑤、为聋，处目则为蔑⑥、为盲，处鼻则为鼽⑦、为窒，处腹则为张、为疛⑧，处足则为痿⑨、为蹶。

　　轻水所，多秃与瘿⑩人；重水所，多尰与躄⑪人；甘水所，多好与美人；辛水所，多疽与痤⑫人；苦水所，多尪与伛⑬人。凡食，无强厚，烈味重酒，是之谓疾首。食能以时，身必无灾。凡食之道，无饥无饱，是之谓五藏之葆。口必甘味，和精端容，将⑭之以神气，百节虞欢，咸进受气。饮必小咽，端直无戾⑮。

　　今世上卜筮祷祠，故疾病愈来。譬之若射者，射而不中，反修于招，何益于中？夫以汤止沸，沸愈不止，去其火则止矣。故巫医毒药，逐除治之，故古之人贱之也，为其末也。

【注释】

①数：指寿数，人的自然寿命。

②夐（xiòng）明：聪明睿智。

③因：依附。

④蝼：蝼蛄。一作"蠹"。此处指生虫蛀蚀。

⑤挶：耳病。

⑥蔑（miè）：眼睛红肿。

⑦鼽（qiú）：鼻塞。

⑧疛（zhǒu）：小腹疼痛。

⑨瘘：病名。身体某部分萎弱或失去机能。

⑩瘿（yǐng）：颈部生瘤。

⑪尰（zhǒng）与躄（bì）：皆足疾。尰，脚肿。躄，不能行走。

⑫疽（jū）与痤：皆皮肤疾病。疽，痈疽，即恶疮。痤，痈。

⑬尪（wāng）与伛（yǔ）：皆骨科疾病。尪，骨骼弯曲症，仰面突胸之疾。伛，脊背弯曲。

⑭将：养护。

⑮戾：身体屈曲，扭曲歪斜。

【译文】

　　天生出阴阳、寒暑、燥湿，以及四时的变化、万物的演变，没有哪一样是不利于人的，也没有哪一样不有害于人。圣人能洞察阴阳变化的合宜之处，辨析万物的有利一面，以利于生命，使得精神安守在形体内，寿命得以延长。所谓延长，并不是指延长原本很短的寿命，而是使寿命完成正常的过程。终其天年的关键在于避害。什么叫避害？过甜、过酸、过苦、过辣、过咸，这五种东西充满形体，生命就会受到危害。过喜、过怒、过忧、过恐、过哀，这五种东西和精神交接，生命就会受到危害。过冷、过热、过燥、过湿、过多的风、过多的雨、过多的雾，这七种东西摇动人的精气，生命就会受到危害。所以，凡是养

生，没有比懂得这个根本更重要的了，懂得根本，疾病就无从产生。

精气聚集在一起，一定要有所寄托。聚集在飞禽上，表现为飞翔；聚集在走兽上，表现为行走；聚集在珠玉上，表现为精美；聚集在树木上，表现为繁茂；聚集在圣人身上，表现为聪明睿智。精气到来，依附在轻盈的形体上就使它飞翔，依附在可以跑动的形体上就使它行走，依附在具有美好特性的形体上就使它精美，依附在具有生长特性的形体上就使它繁茂，依附在具有智慧的形体上就使它聪明。

流动的水不会腐恶发臭，转动的门轴不会生虫朽烂，这是不断运动的缘故。人的形体、精气也是这样。形体不活动，体内的精气就不运行；精气不运行，气就滞积。滞积在头部就造成头风肿胀，滞积在耳部就造成耳病，滞积在眼部就造成眼部红肿甚至目盲，滞积在鼻部就造成鼻道不通，滞积在腹部就造成腹胀腹痛，滞积在脚部就造成痿疾和蹶疾。

水中含盐分及其他矿物质过少的地方，多有头上无发和颈部生瘤的人；水中含盐分及其他矿物质过多的地方，多有脚肿和痿躄不能行走的人；水味甜美的地方，多有美丽和健康的人；水味辛辣的地方，多有生长疽疮和痈疮的人；水味苦涩的地方，多有患鸡胸和驼背的人。凡饮食，不要滋味过浓，不吃重口味食物，不饮烈酒，它们是招致疾病的祸首。饮食能有节制，身体必然没灾没病。饮食的原则，是要保持不饥不饱的状态，这样五脏就能得到安适。一定要吃可口的食物，进食的时候，要精神和谐，仪容端正，用精气滋养，这样，周身就舒适愉快，都受到了精气的滋养。饮食一定要小口下咽，坐姿要端正，不要歪斜。

如今社会上占卜、祈祷之风盛行，疾病反而增加了。这就像射箭的人没有中靶，不纠正自身的问题反而去调整箭靶的位置，这对箭术有什么帮助呢？用热水阻止水的沸腾，沸腾越发不能阻止，撤去下面的火，沸腾自然就会停止。巫医、药物的作用只能是驱鬼治病，古人轻视这些东西，因为这些东西都是养生的下策啊。

名师点评

　　本篇是在谈论养生之道。开端即指出天地万物"莫不为利，莫不为害"，养生以"尽数"的关键在于避害而趋利，表现出可贵的辩证思维的特点，至今仍不过时。篇中名言"流水不腐，户枢不蝼"形象地说明了运动——在此可以理解为锻炼身体——对于生命的重要性，至今也仍有指导意义。

延伸/阅读

目无全牛

　　战国时，庖丁为梁惠王表演宰牛的绝技。只见他手持一把尖刀，不假思索地进行解剖。皮和骨分离的声音随响不绝，没有多久，牛就被肢解为数个部分。梁惠王赞叹道："你的技术为何如此高明？"庖丁回答道："我之所以能熟练地将牛分解，是因为我所崇尚的是一种高深的技能。我开始分解牛的时候，看到的是牛的全部，不知道从哪里下手。可三年之后，却又看不见整头牛了。"

　　"看不见整头牛，岂不是更不知从何下手了吗？"梁惠王不解地问道。

　　庖丁摇摇头，说："不是的。这时我对牛的全身何处有空隙，哪里有筋骨，已经闭目可知，所以我看到的不是整头牛，而是可以分解的许多部分。宰割时，我按照牛的各部结构，分离牛体内相连的筋骨，再顺着它骨节间的空隙，将每一部分完全分解。"

　　梁惠王听完后，懂得了养生的道理。

学海/拾贝

☆ 何谓去害？大甘、大酸、大苦、大辛、大咸，五者充形则生害矣。大喜、大怒、大忧、大恐、大哀，五者接神则生害矣。大寒、大热、大燥、大湿、大风、大霖、大雾，七者动精则生害矣。

☆ 流水不腐，户枢不蝼，动也。

☆ 凡食，无强厚，烈味重酒，是之谓疾首。食能以时，身必无灾。凡食之道，无饥无饱，是之谓五藏之葆。

论　人

　　论人，即衡量、辨识人的意思。本篇探讨的是为君之道的问题，认为最好的方法是"反诸己"，即向自身寻求，从自我出发，顺其自然，以达到无为的境界，这样就能了解事物的精微、事理的玄妙，无往而不胜。其次是"求诸人"，即向他人寻求，这就需要"论人"。"论人"要讲求一定的方法，听言观行，考察识别各种情况，要"内则用六戚四隐，外则用八观六验"，这样人的情伪、贪鄙、美恶等复杂情况便一一通晓。

【原文】

　　主道约，君守近。太①上反诸己，其次求诸人。其索之弥远者，其推之弥疏；其求之弥强者，失之弥远。

　　何谓反诸己也？适耳目，节嗜欲，释智谋，去巧故②，而游意乎无穷之次③，事心乎自然之涂④。若此则无以害其天矣。无以害其天则知精，知精则知神，知神之谓得一。

　　凡彼万形，得一后成。故知一，则应物变化，阔大渊深，不可测也；德行昭美，比于日月，不可息也；豪士时之⑤，远方来宾⑥，不可塞也；意气宣通，无所束缚，不可收也。故知知一，则复归于朴，嗜欲易足，取养节薄，不可得也；离世自乐，中情洁白，不可量⑦也；威不能惧，严不能恐，不可服也。故知知一，则可动作当务⑧，与时周旋，不可极⑨也；举错以数⑩，取与遵理，不可惑也；言无遗者，集于肌肤，不可革也；谗⑪人困穷，贤者遂兴，不可匿也。故知知一，则若天地然，则何事之不胜？何物之不应？譬之若御者，反诸己，则车轻马利，致远复食而不倦。

昔上世之亡主，以罪为在人，故日杀僇⑫而不止，以至于亡而不悟。三代之兴王，以罪为在己，故日功而不衰，以至于王。

何谓求诸人？人同类而智殊，贤不肖异，皆巧言辩辞以自防御，此不肖主之所以乱也。凡论人，通则观其所礼，贵则观其所进，富则观其所养，听则观其所行，止则观其所好，习则观其所言，穷则观其所不受，贱则观其所不为。喜之以验其守，乐之以验其僻，怒之以验其节，惧之以验其特，哀之以验其人⑬，苦之以验其志。八观六验，此贤主之所以论人也。论人者，又必以六戚四隐。何谓六戚？父、母、兄、弟、妻、子。何谓四隐？交友、故旧、邑里、门郭⑭。内则用六戚四隐，外则用八观六验，人之情伪、贪鄙、美恶无所失矣。譬之若逃雨污，无之而非是。此先圣王之所以知人也。

【注释】

①太：最。

②巧故：伪诈。

③无穷之次：无限的空间。次，泛指所在之处。

④涂：同"途"，路。

⑤之：到来。

⑥宾：归顺。

扫码看视频

⑦量：疑为"墨"字之误。墨，染黑。

⑧当务：与事合宜。

⑨极：穷困，困窘。

⑩数：礼数，礼仪。

⑪谗：说别人的坏话。

⑫僇（lù）：同"戮"，杀戮。

⑬人：指人的品性行为。

⑭门郭：据孙诒让说作"门郎"，指左右亲近的人。

【译文】

为君之道在于简约无为，君主的操守在于修养自身。最高的原则是向自身寻求，其次是向别人寻求。越向远处寻求，离它就越远；寻求的欲望越强烈，离它就越遥远。

什么叫向自身寻求呢？使视听适度，节制嗜好和欲望，放弃巧智计谋，去掉虚伪奸诈，让意识在无限的空间中畅游，让思想处于听其自然的道路。做到这样就没有什么可以伤害自身的天性了。没有什么可以伤害天性，就可以洞悉事物的精微，洞悉事物的精微就可以领悟事物的玄妙，领悟事物的玄妙就叫作得道。

大凡世间万物，得道以后才能形成。所以懂得了道，就可以顺应万物的变化，博大精深，不可测度；道行就会彰明美好，像太阳、月亮一样不可熄灭；豪杰义士不断前来，远方的国家也来归服，不可阻挡；意念、精气就会畅通，没有束缚，不可压抑。所以懂得得道的道理，就会重新回到质朴的状态，嗜好和欲望容易满足，求取的养生之物少而又有节制，不可占有、支配；就会超越尘世，自得其乐，内心纯洁，不可玷污；就会威武不能使他害怕，严厉不能使他恐惧，不可屈服。所以懂得了得道的道理，就能使所作所为都合乎时宜，能够随机应变，而不会困窘；就能举止有方，索取和给予都遵循情理，不可迷惑；就会言无过失，感于肌肤，不可改变；就会使奸佞穷困，贤人闻达，不可隐藏。所以懂得了得道的真谛，就会如同天地一般，那么还有什么事不能承担？还有什么东西不能适应呢？这就像驾车的人，反求于自身，就会轻车快马，跑到很远的地方后再吃饭也不会感到疲倦。

以往，先代的亡国君主们认为罪责在于别人，所以每天都杀戮不停，以至于亡了国还不醒悟。而夏、商、周三代振兴国家的君主，认为罪责在自己身上，所以每天都辛勤地为人民做事，总不放松，这才使他们成为天下的圣王。

什么叫向别人寻求？同样是人，但智慧相差悬殊。不论贤明的人和不肖的人有多大的差异，都用花言巧语、辩解之词来保护自己，防范仇敌，这就是不肖的君主惑乱的原因。凡是评估一个人，如果他比较通达，就观察他对什么人以礼相待；如果他显贵，就观察他举荐什么人；如果他富贵，就观察他供养的是哪些人；如果他听取别人的言论，就观察他的实际行动；如果他闲暇无事，就观察他爱好的是什么；如果他学习，就观察他说出来的都是什么话；如果他贫困，就观察他不接受的是什么；如果他贫贱，就观察他不去做的事情是什么。使他高兴，以检验他的操守；使他快乐，以检验他的邪僻；使他发怒，以检验他的气节；使他恐惧，以检验他的信念；使他悲哀，以检验他的性情；使他穷困，以检验他的意志。以上八种观察和六种检验，是贤明的君主用来评估人的标准。评估人，又一定要注意他的六戚、四隐。什么叫六戚？就是父亲、母亲、兄长、弟弟、妻子、儿女这六种亲属。什么叫四隐？就是朋友、熟人、邻居、亲信这四种亲近的人。在内就凭借六戚、四隐来观察，在外就用八观、六验去衡量，那么一个人的真诚或虚伪、贪婪或卑鄙、美好或丑恶就能尽晓无遗。这就像躲避雨点儿一样，所闪避的地方无一处没有雨水，无论到哪儿都会被雨淋到。这就是先代圣王据以识人的原则。

　　本篇讲为君之道最重要的是"反诸己"，其次是"求诸人"。其中关于"反诸己"的论述，体现的是道家的智慧，带有一定的神秘色彩；而关于"求诸人"的论述主要讲的是辨识人的方法，不只君主，其他人也可以借鉴。比如本篇指出识人必须在不同的环境中对其加以考察，看其反应如何，看其周围受其影响较深的人反应如何，这样才能知其修养如何，才能避免片面，这对我们今天考察人、认识人仍有很大的借鉴价值。

延伸/阅读

李克荐魏成

　　有一次，魏文侯召见李克，说道："我记得你讲过'家贫则思良妻，国乱则思良相'。现在我要用人为相，不是魏成就是翟璜，你觉得怎么样？"

　　李克回应说："外人不问亲属之事，臣在朝外为官，不便过问朝内之事。"

　　魏文侯说："眼下相国之位空缺，先生莫谦让，请讲讲。"

　　李克回答说："看人要从五个方面入手，一是观察他失意时不做何事，二是观察他贫困时不取何物，三是观察他卑微时向什么人靠近，四是观察他富贵时与哪种人交往，五是观察他腾达时举荐什么类型的人。以此判断便知其人优劣。大王何必定要我指出选谁呢？"

　　魏文侯说："好！先生请回去吧。我心中已想好人选了。"

　　李克告辞回去，中途遇见了翟璜。翟璜问他说："我听说国君今天和你商量谁当相国的事，选的是谁？"

　　李克说："魏成。"

翟璜听罢脸色突变，生气地说："国君想征伐中山国，我举荐了乐羊；中山国被攻克下来却无人驻守，我举荐了先生您；国君对邺地很担忧，我举荐了西门豹；这是大家都知道的事情，我为国君做了这么多，哪一点当不上相国！"

李克说："我之所以判断国君会选魏成，是因为魏成把自己的九成俸禄用来治国理事；他提拔了像卜子夏、田子方、段干木这样的人才，他们全都可以当国君的老师，而你所举荐的五个人只能当国君的臣属。这样看来，你还能和魏成相提并论吗？"

翟璜听完，陷入徘徊沉思之中，不久他向李克行礼，并说："我真是无知啊，说话如此无礼，实在惭愧，我愿终身作为先生的弟子。"

学海/拾贝

☆ 其索之弥远者，其推之弥疏；其求之弥强者，失之弥远。

☆ 适耳目，节嗜欲，释智谋，去巧故，而游意乎无穷之次，事心乎自然之涂。

☆ 昔上世之亡主，以罪为在人，故日杀僇而不止，以至于亡而不悟。三代之兴王，以罪为在己，故日功而不衰，以至于王。

孟夏纪

劝 学

　　本篇探讨了学习的重要性和怎样学习才能获得好的效果的问题。关于前者，文章是通过指出不学的危害来说明的：不学就不知义理，不知义理就不能做到忠孝，不能做到忠孝则君主与父母失望，为臣为子者也无法获得其非常想要的荣耀。关于后者，文章认为关键在于尊师，要像尊敬父亲那样尊敬老师，老师就会"尽智竭道"来教导。文中花了大量篇幅论述了老师如何才能获得人们尊敬的问题，认为老师必须精通道理，躬行道义，然后才能获得尊敬。可见在学习的问题上，本篇是侧重于从教师这一方面来进行论述的。

【原文】

　　先王之教，莫荣于孝，莫显于忠。忠孝，人君人亲①之所甚欲也；显荣，人子人臣之所甚愿也。然而人君人亲不得其所欲，人子人臣不得其所愿，此生于不知理义。不知理义，生于不学。

　　学者师达而有材，吾未知其不为圣人。圣人之所在，则天下理②

焉。在右则右重，在左则左重，是故古之圣王未有不尊师者也。尊师则不论其贵贱贫富矣。若此则名号显矣，德行彰矣。

故师之教也，不争轻重尊卑贫富，而争于道。其人苟③可，其事无不可。所求尽得，所欲尽成，此生于得圣人。圣人生于疾④学。不疾学而能为魁士名人者，未之尝有也。

疾学在于尊师。师尊则言信矣，道论矣。故往教者不化，召师者不化；自卑者不听，卑师者不听。师操不化不听之术，而以强教之，欲道之行、身之尊也，不亦远乎？学者处不化不听之势，而以自行，欲名之显、身之安也，是怀腐而欲香也，是入水而恶濡⑤也。

凡说者，兑⑥之也，非说之也。今世之说者，多弗能兑，而反说之。夫弗能兑而反说，是拯溺而硾⑦之以石也，是救病而饮之以堇⑧也。使世益乱、不肖主重惑者，从此生矣。

故为师之务，在于胜理，在于行义。理胜义立则位尊矣，王公大人弗敢骄也，上至于天子，朝之而不惭。

凡遇合也，合不可必。遗理释义，以要⑨不可必，而欲人之尊之也，不亦难乎？故师必胜理行义然后尊。

曾子曰："君子行于道路，其有父者可知也，其有师者可知也。夫无父而无师者，余若夫何哉！"此言事师之犹事父也。曾点⑩使曾参，过期而不至，人皆见曾点曰："无乃畏⑪邪？"曾点曰："彼虽畏，我存，夫安敢畏？"孔子畏⑫于匡，颜渊后，孔子曰："吾以汝为死矣。"颜渊曰："子在，回何敢死？"颜回之于孔子也，犹曾参之事父也。古之贤者与，其尊师若此，故师尽智竭道以教。

【注释】

① 人亲：指父母。

② 理：治理。这里指政治清明安定。

③ 苟：如果。

④ 疾：努力，尽力。

⑤ 濡：沾湿，润泽。

⑥ 兑：通"悦"。

⑦ 硾：系上重物，使之下沉。

⑧ 堇：草名。有毒，可以入药。

⑨ 要（yāo）：求。

⑩ 曾点：字皙，曾参之父，孔子的弟子。

⑪ 畏：这里是横死的意思。

⑫ 畏：这里是被围困的意思。

【译文】

在古代君王的政教中，最荣耀的莫过于孝顺父母，最显达的莫过于效忠君主。孝子和忠臣是父母和君主所希求的；荣华富贵、声名远扬，是人子和人臣所向往的。可是君主、父母遇不到忠臣、孝子，人子、人臣不能扬名，这是因为他们不知理义。不知理义，是因为他们不学习。

学习的人求教于学识渊博的人而自己又有才能，我不相信他不能成为圣人。有圣人在，天下就会安宁。圣人出现在这里，这里的国家就会受到尊重，圣人出现在那里，那里的国家就会受到尊重，因此，古代的圣王没有不尊重老师的。尊敬老师就不会计较他们的贵贱贫富。这样就会声名远扬，德行显赫。

所以，老师施教时，不在意学生的贵贱尊卑，而只关注他们能否接受理义。如果某个学生能够接受理义，那么教授他理义就是合适的。

学生所追求的就会得到，所希望的就会实现，这是得到圣人的教诲之后才可能发生的。圣人产生于努力学习之中。不勤奋学习而成为杰出人才的，从来没有过。

发奋学习的关键在于尊敬老师。老师受到尊敬，他的言论就会被人接受，理义就会彰明。所以，上门教授的老师不可能教化他人，召唤老师前来教授自己的人不可能被教化；自卑的老师不会被学生听信，轻视老师的学生不会听从教诲。老师用不能教化他人和不被听信的方法，去勉强教授学生，而希望理义实行、身受尊敬，不是相差太远了吗？学习的人自己不去受教化、不肯听取教诲，自行其是，这样想成名、立身，不过是怀揣腐肉却希望它芳香，身在水中却嫌衣服湿罢了。

凡是说教的人，应使对方心情愉悦，而非生硬地说教。现今世间的说教者，大多不能使对方心情愉悦，反倒去生硬地说教。不能使对方心情愉悦却生硬说教，就好似想救溺水的人却往他身上压石头，想救治生病的人却给他喝毒药。使世道更加混乱、使不肖的君主更加糊涂的原因，就出在这里。

所以当老师的关键就是遵循事理，并行其道义。事理既循，道义既行，老师的地位就尊贵了，王公贵族不敢傲慢，即使是至尊的天子，拜见这样的老师也不觉得羞愧。

师徒相遇，未必相处融洽。如果有谁丢弃了道义事理而去追求未必可以实现的，却想要人们尊重他，这不是太难了吗？所以为师者必须遵循事理，躬行道义，这样才会得到人们的尊重。

曾参说："君子走在路上，自然有他孝敬的父辈，有他尊敬的老师。如果一个人不孝敬父辈，不尊敬老师，他还有什么可以称道的呢？"这是说尊敬老师如同尊敬自己的父辈。曾点派儿子曾参外出，过了约定的日期，曾参还没有回来，人们看望曾点时说："怕是遇难了吧？"曾点说："他即使要死，我还活着，他怎么敢死？"孔子被困于匡，弟子颜渊来迟。孔子说："我还以为你死了呢。"颜渊说："您还健在，我怎么敢死呢？"颜渊服侍孔子，就像曾参侍候父亲曾点那样。古代的贤人就是这样尊敬自己的老师，所以老师会不遗余力地把自己的学问全部传授给他。

名师点评

本篇强调了学习的重要性。学习为修身养性第一要务。国君要想臣民做到忠孝两全，臣民要想功成名就，只能通过学习，而学习的关键是尊师。做老师，则要精通事理、实践道义，才能受人尊重，这反映了作者的儒家思想。作者在提倡书本教育的同时，也指出要把书本理论和实践结合起来，这种思想很值得学习和借鉴。

延伸/阅读

韩愈倡导"古文"

魏晋南北朝时期，文坛兴起了"骈文"，这是一种很讲究对仗、声律和辞藻的文体。骈文发展到后期，辞藻越来越华美，内容却很空洞，言之无物，成了文学发展之路上的阻碍。

很多有识之士都对这种文风很反感，当年隋文帝甚至下诏要求匡正文风。初唐时魏徵在编写《隋书》时，也在著作中提倡恢复秦汉以前那种质朴、实用的文风。但当时没有好的作品，这个提议没有流行起来。直到唐代著名文学家韩愈、柳宗元等人以他们优异的散文创作成就和理论主张，才让这场"古文运动"风行起来，在中国文学史上产生了深远的影响。

　　韩愈，字退之，河南河阳人，出生在中下层的官僚家庭。他三岁时父母去世，由兄嫂抚养长大。韩愈从小聪明伶俐，七岁开始读书写字，十三岁时能写文章。

　　二十岁时，韩愈进京赶考，一连考了三次都以失败告终，直到第四次才考取了进士，这年他已经二十五岁了。接着，他参加了三次吏选，都失败了。

　　二十九岁时，他在董晋的推荐下，出任宣武军节度使观察推官。在这段时间里，他开始极力宣传自己对散文革新的主张。

　　三十五岁时，他才回到京城，得到国子监四门博士这个职位。第二年他又和柳宗元等人一起被任命为监察御史。可没多久，他就因为上书历述了百姓的苦难，请求朝廷减免赋税，触怒了权贵，被贬为阳山县令。后来他长期担任清冷官职，直到五十岁才得到重用，被任命为吏部侍郎。可两年后，他就因上书《谏迎佛骨表》触怒唐宪宗，不但被贬为潮州刺史，还差点遭到杀身之祸。

　　《谏迎佛骨表》的背景是唐宪宗执政期间，因寺庙中的僧侣不用交税，不服徭役，导致很多人主动出家，不少农田荒废了。这时，唐宪宗听说法门寺中供奉着佛祖释迦牟尼的一节指骨舍利，就派了一支庞大的队伍把指骨舍利迎接到皇宫中供养。韩愈却上书说，自古以来的帝王，凡长寿者都不供佛，供佛者大多不长寿。唐宪宗看到奏章后，勃然大怒，宰相裴度和其他几位大臣极力为韩愈求情，唐宪宗这才免了他的死罪。

　　韩愈虽然在官场一直沉浮不定，但在文学上的成就却越来越大，留下了许多好文章，如《答李翊书》《杂说》《师说》等。

　　《答李翊书》写于贞元十七年（公元801年），是韩愈发起古文运动的代表作。《师说》则写于贞元十八年（公元802年），是韩愈任四门博士时写给他的学生李蟠的，论述了老师的重要作用、从师学习的必要性以及择师的原则等。他希望通过这篇文章倡导从师而学的风气。

　　中国古代的学校教育十分发达，从中央到地方都有官学。在唐代，魏晋以来的门阀制度仍有沿袭。贵族子弟都入弘文馆、崇文馆和国子学，且无论学业如何，大多毕业后可以入朝为官。而韩愈所说的"师"既不是指各级官府的学校老师，也不是贵族世家的家学中负责教授四书五经的启蒙教师，而是指社会上学有所成、能够"传道授业解惑"的人。

因为社会上普遍存在着尊重"家法"而鄙视老师的心理，贵族子弟们更是自觉高人一等，甚至讥笑那些从师的士大夫阶层。韩愈便写了这篇文章回应这些人，其中最有名的一句是："是故无贵无贱，无长无少，道之所存，师之所存也。"意思是，无论高低贵贱，无论年长年幼，道存在的地方，就是老师所在的地方。任何人都可以做自己的老师，不应因地位贵贱或年龄差别，就不肯向对方学习。

韩愈打破常规，推动了社会上乐于从师、善于学习的风气。《师说》一文是韩愈提倡"古文"的一个庄严的宣言，有效地促成了古文运动的兴起与发展。

韩愈提出了一大文学观点——"不平则鸣"。意思是，人遭受不公正的待遇时就会发出声音。这就是写文章的初衷。他在《马说》一文中，借用伯乐相马的典故，讽刺当权者自己埋没了人才，却说世上没有人才

的现象。文中的"世有伯乐，然后有千里马。千里马常有，而伯乐不常有"，替很多怀才不遇的人说出了心声。

他进一步明确提出了古文运动的核心理论——"文道合一"的创作主张。"文道合一"被后人解释为"文以载道"，意思是文学作品应该以正统的意识形态为出发点和最终归宿。道是指孔孟之道，即文章的内容和思想性。文是形式和手段，道是目的和灵魂。

韩愈曾四度进入国子监，从博士一直做到祭酒，教育和培养出了一批又一批值得骄傲的子弟，他的学生李翱、皇甫湜、李汉以及稍后的杜牧、皮日休等名家都是古文运动的受益者。在韩愈和柳宗元共同的推动下，一代文学新人被培养起来，古文运动的声势也越来越大了。

学海/拾贝

☆ 不知理义，生于不学。

☆ 故师之教也，不争轻重尊卑贫富，而争于道。

☆ 凡说者，兑之也，非说之也。

尊　师

名师导读

　　本篇论述尊师问题。文章首先列举了古代十六位圣贤从师学习和六位本该受刑之人因师从圣贤而免除祸患的事例，告诉我们尊重老师、努力学习的重要性。然后细致讲述了尊师的正确态度和具体做法，认为那些不尊师的人即是"背叛之人"，是会受到蔑视和唾弃的。

【原文】

　　神农师悉诸，黄帝师大挠，帝颛顼师伯夷父，帝喾师伯招，帝尧师子州支父，帝舜师许由，禹师大成贽，汤师小臣，文王、武王师吕望、周公旦，齐桓公师管夷吾，晋文公师咎犯、随会，秦穆公师百里奚、公孙枝，楚庄王师孙叔敖、沈尹巫，吴王阖闾师伍子胥、文之仪，越王勾践师范蠡、大夫种。此十圣人、六贤者未有不尊师者也。今尊不至于帝，智不至于圣，而欲无尊师，奚由至哉？此五帝之所以绝，三代之所以灭。

　　且天生人也，而使其耳可以闻，不学，其闻不若聋；使其目可以见，不学，其见不若盲；使其口可以言，不学，其言不若爽^①；使其心可以知，不学，其知不若狂。故凡学，非能益也，达天性也。

能全天之所生而勿败之，是谓善学。

子张，鲁之鄙家也；颜涿聚，梁父之大盗也；学于孔子。段干木，晋国之大驵②也，学于子夏。高何、县子石，齐国之暴者也，指③于乡曲，学于子墨子。索卢参，东方之巨狡④也，学于禽滑黎。此六人者，刑戮死辱之人也。今非徒免于刑戮死辱也，由此为天下名士显人，以终其寿，王公大人从而礼之，此得之于学也。

凡学，必务进业，心则无营⑤。疾讽⑥诵，谨司⑦闻，观欢愉，问书意，顺耳目，不逆志，退思虑，求所谓，时辨说，以论道，不苟辨，必中法，得之无矜，失之无惭，必反其本。

生则谨养，谨养之道，养心为贵；死则敬祭，敬祭之术，时节为务。此所以尊师也。治唐圃⑧，疾灌寖⑨，务种树；织葩屦⑩，结罝⑪网，捆蒲苇；之田野，力耕耘，事五谷；如山林，入川泽，取鱼鳖，求鸟兽。此所以尊师也。视舆马，慎驾御；适衣服，务轻暖；临饮食，必蠲⑫洁；善调和，务甘肥；必恭敬，和颜色，审辞令；疾趋翔⑬，必严肃。此所以尊师也。

君子之学也，说义必称师以论道，听从必尽力以光明。听从不尽力，命之曰背；说义不称师，命之曰叛。背叛之人，贤主弗内⑭之于朝，君子不与交友。

故教也者，义之大者也；学也者，知之盛者也。义之大者，莫大于利人，利人莫大于教；知之盛者，莫大于成身，成身莫大于学。身成，则为人子弗使而孝矣，为人臣弗令而忠矣，为人君弗强而平矣，有大势可以为

扫码看视频

天下正矣。故子贡问孔子曰："后世将何以称夫子？"孔子曰："吾何足以称哉？勿已者，则好学而不厌，好教而不倦，其惟此邪。"

天子入太学祭先圣，则齿^⑮尝为师者弗臣，所以见敬学与尊师也。

【注释】

① 爽：伤败。指口产生伤病，不能言。

② 驵（zǎng）：马匹交易的经纪人。

③ 指：指斥。

④ 巨狡：特别狡诈的人。

⑤ 菅：通"荧"，惑乱。

⑥ 讽：背诵。

⑦ 司（sì）：通"伺"，等候。

⑧ 唐圃：场圃，园地。

⑨ 寖（jìn）：同"浸"，灌溉。

⑩ 葩屦：麻鞋。葩，据毕沅说作"莐"，即麻。

⑪ 罝（jū）：捕兔网。泛指捕鸟兽的网。

⑫ 蠲（juān）：通"涓"，清洁。

⑬ 趋翔：形容行步有节奏的样子。翔，与"跄"同。

⑭ 内："纳"的古字。接纳。

⑮ 齿：并列。

【译文】

神农以悉诸为师，黄帝以大挠为师，颛顼帝以伯夷父为师，帝喾以伯招为师，帝尧以子州支父为师，舜以许由为师，禹以大成赟为师，汤以小臣伊尹为师，文王、武王以吕望、周公旦为师，齐桓公以管夷吾为师，晋文公以咎犯、随会为师，秦穆公以百里奚、公孙枝为师，楚庄王以孙叔敖、沈尹巫为师，吴王阖闾以伍子胥、文之仪为师，越王勾践以范蠡、文种为师。这十位圣人、六位贤人没有不尊重老师的。

现在的一些人，身份没有达到帝王的地位，智慧没有达到圣人的水平，却不尊重老师，怎么能受到尊崇、达到圣明的境界呢？这正是五帝后继无人、三代不可再现的原因。

况且上天造就人类，让人的耳可以听到声音，如果不学习，那么听得见还不如听不见；让人的眼可以看见东西，如果不学习，那么看得见还不如看不见；让人的口可以说话，如果不学习，那么能说话还不如不能说话；让人的心可以认识事物，如果不学习，那么有所知还不如什么都不知道。所以，凡是学习，不是能增加什么，而是使人达到原本的天性。能够保全上天赋予人的本性而不损坏它，这就是善于学习。

子张本来是鲁国的卑贱小人，颜涿聚本来是梁父山中的大盗，他们都曾经向孔子学习过。段干木本来是晋国的市场经纪人，求学于子夏。高何、县子石本来是齐国的凶暴之徒，被乡邻斥责，后来求学于墨子。索卢参本来是东方有名的狡诈之徒，求学于禽滑黎。这六个人，都是应该被处死、被唾弃的人。但是后来他们不但没有被处死、留下骂名，反而成为显达天下的名人，终其天年，王公贵族对他们也优礼厚待，这就是学习的结果。

凡是学习，务求增加学问，这样心里就不会疑惑。要努力背诵朗读，谨敬等候聆听教诲，看到老师高兴，就请教书中不懂的地方，要顺着老师的耳目，不违背老师的意愿，告辞老师后认真思考，探求老师所讲的道理，要辩难分析，以准确地明白老师所讲的道理，不要强辩，一定要合规矩，有所得时不要骄傲得意，有所失时不要羞愧，务求回归自己的本性。

老师活着的时候，要恭谨地伺候，伺候的方法主要是使老师心情舒畅；老师去世后要恭敬地祭祀他，恭敬祭祀的原则，以遵循四时的礼仪制度为要。这就是尊敬老师。帮老师整理园圃，努力浇灌，认真植树；编织麻鞋，结兽网，捆蒲苇；到田野去，努力耕作，种植五谷；进山林、江河，捕捉鱼鳖，猎取鸟兽。这就是尊敬老师的方法。仔细检查老师乘坐的车马，小心驾驶；穿衣合宜，务求轻暖；置办饮食，必定清洁卫生；善于调味，使饮食甜美；恭敬地服侍老师，和颜悦色，言语谨慎；从老师身边经过时的步伐快慢有节，神情严肃。这就是尊敬老师的做法。

君子学习，谈论道理要引用老师的话来论证，聆听老师的教诲并务求将老师的学术发扬光大。听从教诲而不身体力行，这种行为就叫背；谈到事理的时候不称引老师的话，这种行为就叫叛。有背叛行为的人，贤君是不会让他在朝廷做官的，君子也耻于与他交友。

所以，教育人是非常仁义的事，学习是非常明智的事。最仁义的事莫过于有益于人，最有益于人的事莫过于教育；最明智的事莫过于修养身心，修养身心最关键的莫过于学习。修养身心回到人的本性后，为人子的不用指导就会孝顺父母，做大臣的不用命令就会效忠国君，做君主的不用勉强就会公正处事，占据有利形势的就可以成为天下的君主。所以子贡问孔子："后世的人们会怎样称道您呢？"孔子说："我有什么可以称道的呢？如果一定要谈及，大概会说喜爱学习而不知厌烦，乐于教人而不知疲倦，仅此而已。"天子来到明堂祭祀先代圣人时，与他过去的老师并列，而不把老师视为臣子，这是在体现敬重学习与尊敬老师啊。

点评名师

尊师为中国优良品德。老师作为传道、授业、解惑之人，责任重大，理应受到全社会的尊重，我们作为学生，更要尊重老师。作为家长，也应尽己所能为孩子选择优秀的、认真负责的老师，只有这样的老师，才能受到学生们的喜爱和尊敬，使他们乐于学习，最终成为德才兼备的人。

延伸/阅读

孺子可教

张良，字子房。西汉初大臣。相传为城父（今河南襄城西南）人。祖与父相继为韩国五世相。秦灭韩后，他图谋恢复，结交刺客，在博浪沙（今河南原阳东南）狙击秦始皇未中。

有一天，张良来到下邳附近的圯（yí）水桥上散步，遇到一位老人。那老人的一只鞋掉到了桥下，他看到张良走来，便叫道："喂！小伙子，你替我去把鞋捡起来！"张良下桥把鞋捡了起来。那老人见了，又对张良说："来！给我穿上！"张良恭敬地替老人穿上鞋。老人站起身，一句感谢的话也没说，转身就走了。

张良愣愣地望着老人的背影，猜想这老人一定很有来历。果然，那老人走了一段路，又反身回来，说："你这小伙子很有出息，值得我指点。五天后的早上，请到桥上来见我。"张良听了，连忙答应。

第五天早上，张良赶到桥上，老人已先到了。老人生气地说："跟老人约会，应该早点来。再过五天，早些来见我！"

又过了五天，张良起了个早，赶到桥上，不料老人又先到了。老人说："你又比我晚到，过五天再来。"

又过了五天，张良刚过半夜就摸黑来到桥上等候。天蒙蒙亮时，才看到老人一步一挪地走上桥来，并赶忙上前搀扶。老人这才高兴地说："小伙子，你这样才对！"老人说着，拿出一本《太公兵法》交给张良，说："你要下苦功

钻研这部书，钻研透了，以后可以做帝王的老师。"说完飘然而去，消失无踪。

后来，张良研读《太公兵法》很有成效，为刘邦建立汉朝立下了汗马功劳。

学海/拾贝

☆ 能全天之所生而勿败之，是谓善学。

☆ 凡学，必务进业，心则无营。

☆ 故教也者，义之大者也；学也者，知之盛者也。

仲秋纪

论　威

　　本篇讲述了战争之道，主要篇幅是在讨论在战争中战胜敌人的方法。这些方法包括：一、使三军将士相信他们是为道义而战，团结一心，自觉执行命令。二、行动迅疾，先发制人。三、出其不意，攻其不备。值得注意的是，本篇的题目叫"论威"，所谓"威"，即威慑力之意。作者认为，"至兵"应该是最具威慑力的军队，这样的军队在战争还没有开始时，就能凭其威慑力使敌人屈服，可以避免战争带来的破坏和杀戮。关于这一点，文中所用笔墨不多，但是作者既然以此为题，可见在其意识中，不战而以"威"来屈人之兵，才是最理想的用兵之道。

【原文】

　　义也者，万事之纪也，君臣、上下、亲疏之所由起也，治乱、安危、过胜之所在也。过胜之，勿求于他，必反于己。

　　人情欲生而恶死，欲荣而恶辱。死生荣辱之道一，则三军之士可使一心矣。

凡军，欲其众也；心，欲其一也。三军一心，则令可使无敌矣。令能无敌者，其兵之于天下也，亦无敌矣。古之至兵①，民之重令也，重乎天下，贵乎天子。其藏于民心，捷②于肌肤也，深痛执固，不可摇荡，物莫之能动。若此则敌胡足胜矣？故曰：其令强者其敌弱，其令信③者其敌诎④。先胜之于此，则必胜之于彼矣。

扫码看视频

凡兵，天下之凶器也；勇，天下之凶德也。举凶器，行凶德，犹不得已也。举凶器必杀，杀，所以生之也；行凶德必威，威，所以慑之也。敌慑民生，此义兵之所以隆也。故古之至兵，才民未合，而威已谕矣，敌已服矣，岂必用枹鼓⑤干戈哉？故善谕威者，于其未发也，于其未通⑥也，窅窅⑦乎冥冥⑧，莫知其情，此之谓至威之诚⑨。

凡兵，欲急疾捷先。欲急疾捷先之道，在于知缓徐迟后而急疾捷先之分也。急疾捷先，此所以决义兵之胜也。而不可久处，知其不可久处，则知所兔起凫举⑩死殇之地⑪矣。虽有江河之险则凌之，虽有大山之塞则陷之。并气专精，心无有虑，目无有视，耳无有闻，一诸武而已矣。冉叔誓必死于田侯，而齐国皆惧；豫让必死于襄子，而赵氏皆恐；成荆致死于韩主，而周人皆畏；又况乎万乘之国而有所诚必乎？则何敌之有矣？刃未接而欲已得矣。敌人之悼⑫惧惮恐、单荡精神⑬尽矣，咸若狂魄，形性相离，行不知所之，走不知所往，虽有险阻要塞、铦兵利械，心无敢据，意无敢处，此夏桀之所以死于南巢也。今以木击木则拌⑭，以水投水则散，以冰投冰则沈⑮，以涂⑯投涂则陷，以疾徐先后之势也。

夫兵有大要⑰，知谋物之不谋之不禁也，则得之矣。专诸是也，独手举剑至而已矣，吴王壹成。又况乎义兵，多者数万，少者数千，密其躅路^⑱，开敌之涂，则士岂特与专诸议哉！

【注释】

①至兵：最好的兵。

②捷：养。

③信：通"伸"，伸张。这里指畅行无阻。

④诎：屈服。

⑤枹（fú）鼓：鼓槌和鼓。古代作战击鼓以令进军。

⑥通：显露。

⑦窅（yǎo）窅：幽暗，隐晦。

⑧冥冥：昏暗。

⑨诚：指真实表现。

⑩兔起凫举：比喻行动迅疾。

⑪死殙（mèn）之地：地势险恶的绝境。殙，闷而气绝。

⑫悼：恐惧。

⑬单荡精神：精神动摇衰弱。

⑭拌：通"判"，分开。

⑮沈：同"沉"，下沉，沉没。

⑯涂：泥。

⑰大要：关键之处。

⑱密其躅（zhuó）路：指人数众多，密布于道路。躅，足迹。

【译文】

道义，是万事的纲纪，君臣、长幼、亲疏产生的根由在于道义，国家治乱、安危、作战取胜的关键也在于道义。胜败的关键，不要向其他地方寻求，务必在自己身上寻找。

人的本性是贪生怕死，希望得到荣耀而厌恶耻辱。以道义统一死生、荣辱，就可以使三军将士思想一致了。

大凡军队，都希望人多势众、军心一致。三军团结一致，号令就可以畅行无阻了。能做到有令必行，军队就可以在天下所向无敌了。古代善战的军队，关键在人民重视号令，将其看得重于天下、贵于天子。号令藏于民心，养于肌肤，刻骨铭心，不能动摇，任何东西都改变不了它。这样的话，敌人怎么能战胜它呢？所以说：号令严明的军队，它的敌人必然软弱；号令畅行无阻的军队，它的敌人必然屈服。在号令畅行方面首先胜过敌方，那么，在战场上战胜敌人就是必然的了。

凡兵器均是天下的凶器，勇武是天下的凶德。使用兵器，实行凶德，是不得已的。使用凶器必定要杀人，杀人是为了让更多的人能够生存；实行凶德必定要显示威力，显示威力是为了使人畏惧屈服。敌人畏惧屈服，人民得以生存，这是正义之师兴盛的原因。所以，古代最善战的军队，还没与敌人交战，威力便已显示，敌人便已屈服，哪里还需要进攻战斗呢？所以，善于显示威力的，其威力在没有发挥、还未展露之前就已起作用了，它表现得晦暗不明，高深莫测，难以被揣度真情，这就是威力达到极致的情形。

凡是作战，兵贵神速而先发制人。行动敏捷、先发制人的方法，就在于能够区分缓急先后。行动敏捷、先发制人，这是决胜的原因。军队不能长时间滞留在危险地带，懂得军队不可长久滞留的道理，那就知道陷入危险境地后必须迅速逃离。纵有江河阻挡也要跨越，纵有高山险塞也要攻陷。要精神专一，心无旁骛，目不旁视，耳无所闻，把全部精力投入战斗。舟叔发誓一定要杀死田侯，齐人都十分恐惧；豫让决心要刺杀赵襄子，赵氏上下都很惊恐；成荆冒死与韩主拼命，周人都十分敬畏。仅一个勇士就这样，何况拥有兵车万辆的大国呢？这样哪里还会有敌人？尚未交战敌军就已经屈服了。敌人惊恐不安、神魂不定，已经到极限了，仿佛精神错乱，魂不守舍，行走不知目标，奔跑不知方向，即便有要塞可守、坚甲利兵可依，仍旧心中不安、精神不宁，夏桀就是这样死在南巢的。假如用木头击打木头，被击打的木头就会裂开；用水冲击水，被冲击的水就会散开；用冰块投击冰块，被击中的冰块就会沉没；用泥土投击泥土，被击中的泥土就会下陷。这就是动静缓急先后不同所导致的态势。

作战有其关键，懂得攻其无备、出其不意，就掌握了用兵之道。专诸就是这样，他不过只身一人手起剑落，就成全了阖闾，使他做了吴王。又何况正义之师呢？正义之师人数多至数万，少则几千，足迹密布于道路，在敌国畅行无阻，如这样的武士，专诸怎么能够和他们相提并论呢！

点师名评

人皆求生，人皆惜命，人皆畏死。战争夺走人的生命和财产，故而令人生厌。然而战争有时又是不可避免的，因此，如何凝聚人心、鼓舞斗志，以争取战争的胜利，也是必须要研究的。

《吕氏春秋》的一大特色就是对诸子百家兼容并包，本篇就是出色的兵家作品。全篇突出的是一个"义"字，并围绕"义"讲述了用兵的原则。本篇还强调了号令的重要性和战略战术上的一些原则，这些军事思想在今天仍有一定的借鉴意义。

延伸/阅读

檀道济以虚掩虚

南北朝时宋朝宋文帝即位不久，北魏进攻宋朝，宋文帝派檀道济率军抵抗。有一次北魏围攻滑台（今河南滑县），檀道济率领将士前往救援，一路上大破魏军，节节胜利，开进历城（今山东济南）。没想到，北魏将领叔孙建等人派轻骑突袭，放火把宋军的辎重粮草烧得精光。将士们军粮不继，无法前进，只好准备退兵。

当时宋军中有个兵士逃到魏营投降，把宋军缺粮的情况告诉了北魏将领。魏军立即追赶檀道济。宋军将士看到大批魏军围上来，非常害怕。在这个军心涣散、人人自危的紧急关头，檀道济不慌不忙，命令将士就地扎营休息。

当天晚上，宋军军营里灯火通明，檀道济亲自带领一批管粮的兵士在营寨里查点粮食。魏军的探子在暗处偷偷地向宋军军营里观望，发现米袋里都是雪白的大米，马上报告了魏将，说檀道济军营里不但不少军粮，可能还绰绰有余。魏将得到情报，心想要跟檀道济在这样的情形下决战，准又要打败仗。他们认为前来告密的宋兵定是假投降，来诱骗他们上当的，就把投降的宋兵杀了。其实，魏将正中了檀道济的以虚掩虚之计。檀道济在营里量的并不是白米，而是一斗斗的沙土，只是在沙土上覆盖了军

中所剩少量白米罢了。

到了黎明时分，檀道济命令将士戴盔披甲，而自己穿着白色的便服，率领军队缓缓出城。魏将被檀道济打败过多次，本来就对宋军很害怕，再看到宋军大模大样、从容不迫地撤退，以为他们一定在哪儿埋伏了人马，不敢上前追赶。檀道济靠他的镇静和智谋，保全了宋军，安全回师。

学海/拾贝

☆ 凡军，欲其众也；心，欲其一也。三军一心，则令可使无敌矣。

☆ 故善谕威者，于其未发也，于其未通也，窅窅乎冥冥，莫知其情，此之谓至威之诚。

☆ 凡兵，欲急疾捷先。

爱 士

　　本篇讲述君主应该行德爱人的道理。首先指出人难免会遭遇困穷，君主在这时候若能怜悯他们，施以援手，就能得到他们的感戴。然后以秦穆公和赵简子舍弃自己的爱马和爱骡以救人饥饿和疾病，后来在战斗中得到被救者尽力相助从而战胜敌人的事例，说明君主爱人的重要意义。文章最后说明，对待来犯之敌则必须坚决予以消灭，不能讲"爱"，留给他们生机，因为敌人来犯必死，才可使他们不敢来犯，我方因而得生。

【原文】

　　衣人以其寒也，食人以其饥也。饥寒，人之大害也；救之，义也。人之困穷，甚如饥寒，故贤主必怜人之困也，必哀人之穷也。如此则名号显矣，国士①得矣。

　　昔者，秦缪公②乘马而车为败，右服③失而野人④取之。缪公自往求之，见野人方将食之于岐山之阳。缪公叹曰："食骏马之肉而不还⑤饮酒，余恐其伤女也！"于是遍饮而去。处一年，为韩原之战。晋人已环缪公之车矣，晋梁由靡已扣缪公之左骖⑥矣，晋惠公之右路石奋投而击缪公之甲，中之者已六札矣。野人之尝食马肉于岐山之阳者三百有余人，毕力为缪公疾斗于车下，遂大克晋，反获惠公以归。

此《诗》之所谓曰"君君子则正，以行其德；君贱人则宽，以尽其力"者也。人主其胡可以无务行德爱人乎？行德爱人，则民亲其上；民亲其上，则皆乐为其君死矣。

赵简子有两白骡而甚爱之。阳城胥渠处广门之官，夜款⑦门而谒曰："主君之臣胥渠有疾，医教之曰：'得白骡之肝，病则止；不得则死。'"谒者⑧入通。董安于御⑨于侧，愠曰："嘻！胥渠也。期⑧吾君骡，请即刑焉。"简子曰："夫杀人以活畜，不亦不仁乎？杀畜以活人，不亦仁乎？"于是召庖人杀白骡，取肝以与阳城胥渠。处无几何，赵兴兵而攻翟⑩。广门之官，左七百人，右七百人，皆先登而获甲首⑪。人主其胡可以不好士？

凡敌人之来也，以求利也。今来而得死，且以走为利。敌皆以走为利，则刃无与接。故敌得生于我，则我得死于敌；敌得死于我，则我得生于敌。夫得生于敌，与敌得生于我，岂可不察哉？此兵之精者也。存亡死生决于知此而已矣。

【注释】

①国士：国内优秀的人物。

②秦缪公：秦穆公。

③右服：古代一车驾四马，居中的两匹称为"服"，其中右边的即右服。

④野人：这里指农夫。

⑤还（xuán）：通"旋"，立刻。

⑥左骖（cān）：四马驾车，位于两边的称为"骖"，其中左边的即左骖。

⑦款：叩，敲。

⑧谒（yè）者：官名。始置于春秋、战国，为国君掌管传达。

⑨御：侍奉。

⑩翟：通"狄"，我国古代北方地区民族名。

⑪甲首：披甲武士的首级。

【译文】

人因为寒冷而穿衣，人因为饥饿而吃饭。饥饿、寒冷，是人的大灾祸；解救处于饥饿、寒冷的人，是十分仁义的事。人处于穷困、窘迫的境地，比处于饥饿、寒冷更加难受，所以贤明的君主必须怜悯陷于困境的人，同情遭受困顿的人。这样，君主的名声就会显赫，贤能之士就会为之效力。

从前，秦穆公乘车出游时车子坏了，右侧驾车的马跑了，被一群农夫抓住。秦穆公亲自去寻找跑失的马，在岐山的南面看到农夫们正准备分吃马肉。秦穆公叹息说："吃骏马的肉而不喝酒，我担心这样会伤害你们的身体！"于是秦穆公给他们喝了酒后才离开。过了一年，秦、晋在韩原展开激战。当时晋国士兵已经包围了秦穆公的兵车，晋国大夫梁由靡抓住了穆公战车左边的马，晋惠公车右的卫士路石举起长枪也击中了穆公的铠甲，七层铠甲已被击穿六层。就在这时，曾在岐山分食马肉的三百多个农夫，竭尽全力在车下为秦穆公拼死战斗，于是秦军大胜晋军，并且俘获了晋惠公。这就是《诗经》中所说的"统治君子就要公正无私，让他们推行仁德；统治平民就要宽容仁厚，让他们为君效力"。君主怎么能不努力施行德政、爱抚人民呢？施行德政、爱抚人民，人民就亲近他们；

人民亲近爱戴他们的国君，就会心甘情愿为国君付出生命。

赵简子有两匹白骡，他特别喜爱它们。担任广门邑小吏的阳城胥渠，一天夜晚来到赵简子的门前叩门求见，说："主君的家臣胥渠病了，医生告诉他说：'如果能吃到白骡的肝脏，病就能痊愈，否则就会死。'"负责通报的人进去禀告了赵简子。当时，赵简子的家臣董安于正在旁边侍奉，听了之后生气地说："呀！这个胥渠！竟敢打您的白骡的主意，让我去把他杀掉。"赵简子说："通过杀人而使牲畜活命，不是太不仁义了吗？杀掉牲畜而救活人命，不是仁义之事吗？"于是叫来厨师杀掉白骡，取出肝脏送给阳城胥渠。过了没多久，赵简子发兵攻狄。广门邑的官吏参战，左队七百人，右队七百人，都争先登上城头并斩获敌军武士的首级若干。这样看来，君主怎么可以不爱护士人呢？

敌人来犯，都是为了谋取利益。如今来犯而被消灭，他们就会把逃跑作为有利选择。如果敌人都把逃跑作为上策，那就用不着与之交锋了。所以，如果敌人获胜而从我方得以生存，那我方就死在敌人手中；敌人被我方消灭了，那我方就获得生存。或者我方胜利而得到生存，或者敌方从我方手中生还，其中的道理难道不该慎重考察吗？这是用兵的精妙所在。敌我的生死存亡就取决于是否懂得这个道理。

名师点评

君王爱民，才能得到人民的爱戴；重视贤士，才能让贤士忠心辅佐；爱护士兵，才能得到士兵的效命。文中的这些道理是对统治者讲的，但对于我们来说也有启发意义。只有将心比心，与人为善，真诚待人，才能得到别人真诚的帮助，获得真挚的友情。

延伸/阅读

朝令夕改

晁错是西汉时期的政治家、文学家，汉文帝时，任太常掌故，后为太子家令。他善于分析问题，常提出一些颇有见解的意见，深得太子刘启（即后来的汉景帝）的喜爱和信任，被誉为"智囊"。

汉文帝统治时期国家并不富强，许多制度不够完善。在汉文帝统治后期，地主、豪绅、富商们巧取豪夺，变本加厉地搜刮民脂民膏，许多农民破产，迫不得已背井离乡，过着颠沛流离的生活。晁错看到人民生活困苦，内心十分不安。为了维护西汉王朝的统治，晁错于公元前168年上书汉文帝，此奏章就是著名的《论贵粟疏》。在这篇奏疏中，他提出奖励粮食生产，打击商人投机牟利，以促进农业生产发展的一系列措施。晁错在分析当时农民的生活情形时指出：农民春天耕种，夏天管理，秋天收获，冬天收藏，还要砍柴火，修建官府的建筑物，服劳役。他们做这些事时，春不能躲避风沙尘土，夏不能躲避暑热，秋不能躲避阴雨，冬不能躲避寒冻，一年四季没有休息的时候；又有个人的交际往来，如悼念死者、慰问病人、抚养孤儿、养育小孩等等，所有费用都包括在这当中。像这样辛勤劳作，还要遭受水旱灾害和官府的急征暴敛。征收赋税没有一定的时间，早上发出命令晚上就又变卦了。在准备交税时，手头有粮的农民按半价卖掉粮食来交税，手头没有钱粮的只能出加倍的利息向人借钱交税。这样就出现了靠卖田卖屋卖子孙来还债的情况……

汉文帝看完这篇奏章以后，很受启发，立即召集了朝臣，商议如何

改变农民的境遇。决策确定以后，汉文帝颁发了一系列改良措施，使国家的农业得到了发展，农民的生活也相应地改善了。

学海/拾贝

☆ 人之困穷，甚如饥寒，故贤主必怜人之困也，必哀人之穷也。

☆ 君君子则正，以行其德；君贱人则宽，以尽其力。

☆ 夫杀人以活畜，不亦不仁乎？杀畜以活人，不亦仁乎？

仲冬纪

当 务

名师导读

"当务"就是要合于时务。文章开头即指出：辩论而不合道理，诚实而不合理义，勇敢而不合正义，守法而不合时务，是造成天下混乱的四个祸害。然后分别以盗跖论盗、"直躬者"告父窃羊、齐国逞强斗勇之人相啖至死和商太史据法争立纣为太子的事例，生动地说明了这四种有危害的做法。

【原文】

辨而不当论①，信而不当理，勇而不当义，法而不当务，惑而乘骥②也，狂而操吴干将③也。大乱天下者，必此四者也。所贵辨者，为其由所论也；所贵信者，为其遵所理也；所贵勇者，为其行义也；所贵法者，为其当务也。

扫码看视频

跖④之徒问于跖曰："盗有道乎？"跖曰："奚啻⑤其有道也？夫

妄意关内⑥，中⑦藏，圣也；入先，勇也；出后，义也；知时，智也；分均，仁也。不通此五者而能成大盗者，天下无有。"备说非六王、五伯⑧，以为尧有不慈之名，舜有不孝之行，禹有淫湎之意，汤、武有放杀之事，五伯有暴乱之谋。⑨世皆誉之，人皆讳之，惑也。故死而操金椎以葬，曰："下见六王、五伯，将敲⑩其头矣！"辨若此，不如无辨。

楚有直躬者，其父窃羊而谒之上。上执而将诛之。直躬者请代之。将诛矣，告吏曰："父窃羊而谒之，不亦信乎？父诛而代之，不亦孝乎？信且孝而诛之，国将有不诛者乎？"荆王闻之，乃不诛也。孔子闻之曰："异哉！直躬之为信也。一父而载⑪取名焉。"故直躬之信，不若无信。

齐之好勇者，其一人居东郭，其一人居西郭。卒然相遇于涂，曰："姑相饮乎？"觞数行，曰："姑求肉乎？"一人曰："子，肉也；我，肉也；尚胡革求肉而为？于是具染而已。"因抽刀而相啖，至死而止。勇若此，不若无勇。

纣之同母三人，其长曰微子启，其次曰中衍，其次曰受德。受德乃纣也，甚少矣。纣母之生微子启与中衍也，尚为妾，已而为妻而生纣。纣之父、纣之母欲置微子启以为太子，太史据法而争之曰："有妻之子，而不可置妾之子。"纣故为后。用法若此，不若无法。

【注释】

①辨而不当论：指辩论不合道理。辨，通"辩"，辩论。当，合。论，通"伦"，道理。

②骥：良马。

③干将：剑名，古代利剑。

④跖：指盗跖，春秋时期的大盗。

⑤啻（chì）：止。

⑥妄意关内：猜测门内的财物。妄意，猜测。关内，门内。

⑦中：这里指猜中。

⑧六王：指尧、舜、禹、商汤、周文王、周武王。五伯：五霸。春秋时先后称霸的五个诸侯。

⑨"尧有"以下五句：传说尧曾杀其子月朱，故曰"尧有不慈之名"；舜放逐其父瞽（gǔ）叟，故曰"舜有不孝之行"；帝女令仪狄造酒，进献给禹，禹饮后认为很甘美，故曰"禹有淫湎之意"；商汤伐桀，桀出奔南巢，武王伐纣，纣在鹿台自焚，故曰"汤武有放、杀之事"；五伯争霸，骨肉相残，以大兼小，故曰"五伯有暴乱之谋"。

⑩敲（què，又读 qiāo）：敲击。

⑪载：通"再"，再次。

【译文】

辩论而不合道理，诚实而不合情理，勇敢而不合大义，循法而不合时务，这就好比人神志迷乱却乘着一匹快马，精神癫狂却手持利剑干将。会使天下大乱的，一定是这四种行为。人们看重辩论，在于它遵从道理；人们看重诚实，在于它遵从理义；人们看重勇敢，在于它遵从正义；人们看重法度，在于它遵从时务。

盗跖的门徒问跖道："偷盗有道义吗？"跖说："何止是有道义呀！猜测室内所藏的财物而能猜中，是圣；首先进入房内的，是勇；最后出门的，是义；能掌握时机，是智；分赃分得均匀，是仁。不通达这五点而能成为大盗的人，天下是没有的。"跖以辩说非难六王、五霸，认为尧有不慈的名声，舜有不孝的行为，禹有沉迷酒色的念头，汤、武有放逐、弑杀君主的举动，五霸有暴乱的图谋。可是世人都赞誉他们，避而不谈他们的罪行，太糊涂呀！所以，跖死后要手执金椎下葬，说："我死后若见到六王、五霸，要敲烂他们的脑袋！"像这样的辩论，还不如不辩论。

楚国有个以直道立身的人，他的父亲偷了羊，他将此事向官府告发，官府逮捕了他的父亲，准备处死。这个以直立身的人请求代父去死。将要行刑的时候，他对官吏说："我的父亲偷了羊，我告发他，这不是很诚实吗？父亲被判罪而代父受刑，这不是很孝顺吗？又诚实又孝顺的人却要被处死，那么国家中还有谁不应该被处死呢？"楚王听了这番话，就赦免了他。孔子听到这件事后感叹道："这个人所谓的诚实真是奇怪啊！利用自己的父亲而两次为自己捞取了名声。"所以像"直躬"这样诚实还不如不诚实。

齐国有两个逞勇的人，一人住在城东，另一人住在城西。有一天，他们在路上意外地相遇了，便商量说："一起去喝一杯吧？"喝了几杯酒后，又商量说："还是弄点肉吧？"其中一个人说："你身上是肉，我身上也是肉，何必另外去弄肉吃呢？只要找来一点豉酱就行了。"于是两人拔出刀互相割对方身上的肉吃，一直到死。这样的勇敢还不如没有。

商纣的同母兄弟共有三人，老大叫微子启，老二叫中衍，老三叫受德。受德就是商纣，年龄很小。纣的母亲生微子启和中衍的时候还是妾，生下纣的时候已经成为正妻。纣的父母想要立微子启为太子，太史依据宗法制度争辩说："有正妻生的嫡子，就不可以立妾生的庶子做太

子。"因此纣被立为太子。像这样死守成法，还不如不守法。

点师名评

本篇提出的"辨而不当论，信而不当理，勇而不当义，法而不当务"是天下混乱的缘由，属于典型的儒家思想。其中所批判的"法而不当务"，指的是死守旧法、不能与时俱进以适应现实需要的思想和行为，体现了儒家思想的进步性。我们也必须做与时俱进的人，不能墨守成规、不知变通。

延伸/阅读

鸿门宴斗智

秦朝末年，出现了许多反秦起义的队伍。其中，刘邦与项羽就是两支主要力量。

刘邦兵力虽不及项羽，但他先破咸阳。项羽听说刘邦已经进了关中，赶紧率领四十万大军，向关中赶来。项羽大军到函谷关时，为刘邦的军队所阻。项羽大怒，立刻下令攻打函谷关，没多久函谷关就被攻破了，项羽大军一直到了新丰县的鸿门，才驻扎下来。此时，项羽大军距离刘邦的兵营不过四十里地，两军之战一触即发。

刘邦军中有个叫曹无伤的人，听说项羽来了，有心转投项羽，就偷偷派人向项羽告密，说刘邦准备在关中称王。项羽听到这个消息后，怒不可遏，谋士范增劝项羽除掉刘邦。

项羽的叔父项伯和刘邦的谋士张良是生死之交。他连夜赶到刘邦的营地，把这个消息告诉了张良，张良又急忙把消息告诉了刘邦。这时的刘邦只有十万兵马，无法和项羽的四十万大军抗衡，于是刘邦和张良赶紧请项伯帮忙在项羽面前说几句好话。

第二天天刚亮，刘邦就带着张良、樊哙（kuài）和一百多个士兵赶到了鸿门，随后和张良两人进入了项羽的军营。

刘邦一进门，项羽就气势汹汹地瞪着刘邦，刘邦谦卑地跪拜下去，解释这一切都是误会。

项羽看到他这么低声下气的，脸色也缓和多了，就留下刘邦一起喝酒，说："是你手下曹无伤说的，不然，我何至于此？"

喝了好一阵酒，范增见项羽没有动手的意思，急得再三向项羽使眼色，可项羽就是假装没看见。

范增见项羽犹豫不决，便找了个借口离席，找到项羽的堂弟项庄，让他舞剑助兴，然后找机会杀了刘邦。

项庄进了军帐，向众人敬了一杯酒，并请求舞剑助兴。项羽点头答应，项庄就拔剑起舞。

舞着舞着，项庄的剑锋离刘邦越来越近，项伯看形势不对，也站出来拔剑起舞，不断地用身子挡住刘邦，让项庄无法成功。张良看情况紧急，

借故离席，到军门外去找樊哙，说："情况紧急。项庄舞剑，要杀沛公。"

樊哙一听，顿时跳了起来，右手提着宝剑，左手抱着盾牌，直往军门冲去。士兵们上前阻拦，他一连撞倒了几个士兵，闯进了军帐。

项羽按着剑，挺直身子，吃惊地问："你是什么人？"

张良已经跟了进来，连忙回答说："他是樊哙，在沛公身边陪乘。"

项羽说："真是壮士！赏他一杯好酒、一只肘子。"左右侍从送上一大杯酒和一只半生的猪腿。樊哙一口气把酒喝了，又把盾牌反扣在地上，猪腿放在盾牌上，拔出剑切着吃。

樊哙说："当初怀王曾许诺，先进关中的人称王。现在沛公先进关中，可他退军驻扎在灞上，封闭了库房，关闭了宫室，一心一意等待大王到来。派将士把守函谷关，是为了防备残余秦军作乱。沛公这样劳苦功高，大王不但没有赏赐，反而听信小人谗言，要杀有功劳的人。"

项羽无话可说，只得让樊哙坐下，樊哙就挨着张良坐下了。

坐了一会儿，刘邦起身上厕所，张良和樊哙也跟着一起到了帐外。樊哙劝刘邦立即离开。

于是，刘邦让张良留下来向项羽致歉，自己悄悄带着樊哙抄小路逃走了。回到军中后，他立刻让人杀死了曹无伤。

张良估计刘邦已回到军中，这才进去给项羽赔不是，说："沛公喝醉了，怕失礼，不能前来告辞，因此特意叫我奉上白玉璧一对，献给大王；玉斗一双，献给亚父。"

项羽问："沛公在哪里？"

张良说："他怕大王责备他，现在已经回到了军中。"张良说完也告辞离开了。

范增痛心地说："唉，项羽这小子，真不值得和他共谋大业。将来夺走项王天下的一定是刘邦，我们就等着做俘虏吧。"

范增的话果然说中了。刘邦后来打败了项羽，建立了汉朝。

学海/拾贝

☆ 所贵辨者，为其由所论也；所贵信者，为其遵所理也；所贵勇者，为其行义也；所贵法者，为其当务也。

☆ 奚啻其有道也？夫妄意关内，中藏，圣也；入先，勇也；出后，义也；知时，智也；分均，仁也。不通此五者而能成大盗者，天下无有。

☆ 觞数行，曰："姑求肉乎？"一人曰："子，肉也；我，肉也；尚胡革求肉而为？于是具染而已。"因抽刀而相啖，至死而止。

长　见

　　每个人智慧高低不同，故存在长见和短见之分，长见也就是远见的意思。本文讨论的是远见的重要性问题。文章开头对于人为什么可以具有远见进行了理论阐释。在作者看来，古今一体，一脉相承，古是基础，今是发展，未来是今的延续。因此人可以审今知古，据古知后。这种思想在两千年前的古代是十分可贵的。文章的主体部分讲述了五位有远大见解的圣贤的故事，用事实来证明远见的重要性。

【原文】

　　智所以相过①，以其长见与短见也。今之于古也，犹古之于后世也；今之于后世，亦犹今之于古也。故审知今则可知古，知古则可知后，古今前后一也。故圣人上知千岁，下知千岁也。

　　荆文王曰：“苋嘻数犯我以义，违我以礼，与处则不安，旷之而不穀②得焉。不以吾身爵之，后世有圣人，将以非不穀。”于是爵之五大夫。“申侯伯善持养吾意，吾所欲则先我为之，与处则安，旷之而不穀丧焉。不以吾身远之，后世有圣人，将以非不穀。”于是送而行之。申侯伯如郑，阿郑君之心，先为其所欲，三年而知郑国之政也，五月而郑人杀之。是后世之圣人使文王为善于上世也。

晋平公铸为大钟，使工听之，皆以为调③矣。师旷曰："不调，请更铸之。"平公曰："工皆以为调矣。"师旷曰："后世有知音者，将知钟之不调也，臣窃为君耻之。"至于师涓，而果知钟之不调也。是师旷欲善调钟，以为后世之知音者也。

吕太公望封于齐，周公旦封于鲁，二君者甚相善也。相谓曰："何以治国？"太公望曰："尊贤上④功。"周公旦曰："亲亲上恩。"太公望曰："鲁自此削矣。"周公旦曰："鲁虽削，有齐者亦必非吕氏也。"其后，齐日以大，至于霸，二十四世而田成子有齐国。鲁日以削，至于觐⑤存，三十四世而亡。

吴起治西河之外，王错谮⑥之于魏武侯，武侯使人召之。吴起至于岸门，止车而望西河，泣数行而下。其仆谓吴起曰："窃观公之意，视释天下若释躧⑦，今去西河而泣，何也？"吴起抿泣⑧而应之曰："子不识。君知我而使我毕能，西河可以王。今君听谗人之议而不知我，西河之为秦取不久矣，魏从此削矣。"吴起果去魏入楚。有间，西河毕入秦，秦日益大。此吴起之所先见而泣也。

魏公叔痤疾，惠王往问之，曰："公叔之疾，嗟！疾甚矣！将奈社稷何？"公叔对曰："臣之御庶子鞅，愿王以国听之也。为不能听，勿使出境。"王不应，出而谓左右曰："岂不悲哉？以公叔之贤，而今谓寡人必以国听鞅，悖⑨也夫！"公叔死，公孙鞅西游秦，秦孝公听之。秦果用⑩强，魏果用弱。非公叔痤之悖也，魏王则悖也。夫悖者之患，固以不悖为悖。

【注释】

①过：超过。这里是有差异的意思。

② 不榖：不善。这是春秋时诸侯对自己的谦称。

③ 调：和谐。

④ 上：通"尚"，崇尚。

⑤ 觐：通"仅"，只，仅仅。

⑥ 谮（zèn）：诬陷，诋毁。

⑦ 躧（xǐ）：鞋。

⑧ 抿泣：揩拭眼泪。抿，拭。

⑨ 悖：荒谬。

⑩ 用：以，因。

【译文】

人的智慧之所以有差异，是因为有的人具有远见，有的人目光短浅。现在和古代的关系，就像古代和未来的关系；现在和未来的关系，就像现在和古代的关系。所以审清现在的状况就可以知道过去，知道过去就可以知道未来，过去、现在和将来，是可以互通并互相借鉴的。所以圣人能上知千岁，下知千岁。

楚文王说："苋譆多次凭借道义冒犯我，凭借礼制违逆我，跟他在一起我就感到不安，但时间久了，我从他身上有所收获。如果现在我不亲自授予他爵位，后世的圣人就要谴责我了。"于是授予他五大夫的爵位。文王又说："申侯伯善于揣摩并迎合我的心意，我想要什么，他就预先准备好什么，跟他在一起我感到安逸，时间久了，我却感到有所失。如果我不疏远他，后世的圣人就要斥责我了。"于是把申侯伯送走。申侯伯到了郑国，曲意迎合郑国国君的心意，事先准备好郑国国君想要做的一切，三年之后就执掌了郑国的国政，但执掌国政仅仅五个月就被郑国人杀了。这是后代的圣人促使楚文王做了善事。

晋平公铸成一口大钟，让乐工试听钟声，众人都认为声音很和谐。只有师旷说："这口钟声音还不和谐，请重新铸造它。"平公说："乐工们都认为很和谐了。"师旷说:"后世如果有精通音律的人,将会发现这口钟是不和谐的。我私下为您感到羞耻。"后来,师涓果然发现这口钟是不和谐的。由此看来,师旷想让钟声更和谐,是考虑到后世有精通音律的人啊!

　　太公望受封于齐国,周公旦受封于鲁国,这两位君主交情非常好。他们曾在一起讨论道:"怎样才能治理好国家呢?"太公望说:"尊敬贤人,崇尚功绩。"周公旦说:"亲近亲人,崇尚恩德。"太公望说:"以这样的方法治国,鲁国很快就会削弱的。"周公旦说:"鲁国虽然会削弱,但后世拥有齐国的,也肯定不是吕氏了。"后来,齐国日益强大,以至成为诸侯中的霸主,但历经二十四代君主之后齐国就被田成子窃取了。鲁国也日益削弱,以至于仅能勉强支撑,历经三十四代君主之后灭亡了。

　　吴起治理西河之地,王错在魏武侯面前诋毁他,魏武侯派人把吴起召回。吴起来到岸门,停住马车,回头遥望西河,眼泪一行行流了下来。他的车夫对他说:"臣私下观察您的胸怀,舍弃天下就像扔掉鞋子一样容易,如今离开西河您却流了泪,这是为什么啊?"吴起拭去眼泪回应道:"你不知道,如果君主理解我、信任我,让我竭

尽全力施展才能，那么我凭着西河就能帮助君主成就王业。如今君主听信了小人的谗言而不信任我，西河不久就会被秦国攻取，魏国从此就会削弱了。"吴起后来离开魏国，投奔楚国。不久，西河之地果然全部被秦国吞并，秦国日益强大。这就是吴起所预见到而为之流泪的情形。

魏相公叔痤病了，魏惠王去探望他，说："唉，公叔病得这样严重，国家该怎么办呢？"公叔痤回答说："臣的下属御庶子公孙鞅很有才能，希望大王您能把国政交给他治理。如果不能任用他，就不要让他离开魏国。"魏惠王没有回答，出来对左右侍从说："难道不可悲吗？凭公叔痤的贤明，而今竟然叫我一定要把国政交给公孙鞅治理，太荒谬了！"公叔痤死后，公孙鞅向西游说秦国，秦孝公听从了他的意见。秦国果然因此强盛起来，魏国果然因此逐渐削弱。由此看来，并不是公叔痤荒谬，而是魏惠王自己荒谬。大凡行事荒谬之人的弊病，必是把不荒谬的当成荒谬。

名师点评

古话说："人无远虑，必有近忧。"一个人如果缺乏远见，做事情就会不断遇到挫折。那么一个人怎样才能获得远见呢？本文认为，历史的发展有规律可循，"审知今则可知古，知古则可知后"，掌握了历史的发展规律，就能在生活中趋利避害，成为具有远见的人。因此，我们了解历史、学习传统文化是很有意义的，这有助于我们走好未来的路。

延伸/阅读

唇亡齿寒

春秋时，晋献公想派兵攻打虢（guó）国。可是讨伐虢国必须经过虞国。大夫荀息献计说："虞国国君是个目光短浅的人，只要我们送他价值连城的美玉和宝马，他不会不答应借道。"晋献公一听有点儿舍不得，荀息看出了晋献公的心思，就说："虞虢两国是唇齿相依的近邻，虢国灭了，虞国也不能独存，您的美玉、宝马只是暂时存放在虞公那里。"晋献公听罢，采纳了荀息的计策。

虞公见到这么珍贵的礼物，当时就答应借道。虞国大夫宫之奇阻止道："虞国和虢国相互依存，万一虢国灭了，我们虞国也就难保了，借道给晋国使不得啊！"虞公说："晋国是大国，现在特意送来厚礼，难道咱们借条道让他们走走都不行吗？"宫之奇连声叹气，知道虞国灭亡的日子不远了，就带着一家人离开了虞国。果然，晋国消灭了虢国，随后又灭了虞国。

学海/拾贝

☆ 故审知今则可知古，知古则可知后，古今前后一也。
☆ 苋譆数犯我以义，违我以礼，与处则不安，旷之而不毂得焉。
☆ 夫悖者之患，固以不悖为悖。

季冬纪

介 立

名师导读

　　"介立"就是独立的意思，在本篇中指"择善而固执"的独立的人格。文章由两大部分组成：一、讲述介子推坚决拒绝晋文公的赏赐而隐居不出的故事，把它与"今世之逐利者"的表现相比较，赞扬介子推远离世俗的高风亮节。二、讲述爰旌目宁死不食盗丘之食的故事，把它与面对外敌时的韩、楚、赵三国的将帅和士卒为求活命而自相残杀的表现相对照，表彰爰旌目守"义"而死的独立风范。

【原文】

　　以贵富有人易，以贫贱有人难。今晋文公出亡，周流①天下，穷矣，贱矣，而介子推不去，有以有之也。反②国有万乘③，而介子推去之，无以有之也。能其难，不能其易，此文公之所以不王也。

　　晋文公反国，介子推不肯受赏，自为赋诗曰："有龙于飞，周遍天下。五蛇从之，为之丞辅。龙反其乡，得其处所。四蛇从之，得其露雨。一蛇羞之，桥死④于中野。"悬书公门，而伏于山下。文公闻之曰："嘻！此必介子推也。"避舍变服⑤，令士庶人曰："有能得介子推者，爵上卿，田百万。"或遇之山中，负釜盖簦⑥，问焉，曰："请问介子推安在？"应之曰："夫介子推苟不欲见而欲隐，吾独焉知之？"遂背而行，终身不见。

人心之不同，岂不甚哉？今世之逐利者，早朝晏退，焦唇干嗌⑦，日夜思之，犹未之能得；今得之而务疾逃之，介子推之离俗远矣。

东方有士焉，曰爰旌目，将有适也，而饿于道。狐父之盗曰丘，见而下壶餐⑧而餔⑨之。爰旌目三餔之而后能视，曰："子何为者也？"曰："我狐父之人丘也。"爰旌目曰："嘻！汝非盗邪？胡为而食我？吾义不食子之食也。"两手据地而吐之，不出，喀喀然⑩遂伏地而死。

郑人之下辕⑪也，庄蹻之暴郢也，秦人之围长平也，韩、荆、赵，此三国者之将帅贵人皆多骄矣，其士卒众庶皆多壮矣，因相暴以相杀，脆弱者拜请以避死，其卒递而相食，不辨其义，冀幸以得活。如爰旌目已食而不死矣，恶其义而不肯不死。今此相为谋，岂不远哉？

【注释】

①周流：周游。

②反：同"返"，返回。

③万乘：指成为国君。

④桥死：槁死，即枯死。桥，通"槁"。

⑤避舍变服：国有凶丧祸乱之事，君主要离开宫室另居他处，改穿凶丧之服。晋文公避舍变服以示引咎自责。

⑥簦（dēng）：古代长柄笠。犹今雨伞。

⑦嗌（yì）：咽喉。

⑧壶餐：用壶盛的汤饭。

⑨餔：给食，喂食。下一句的餔是吃的意思。

⑩喀喀：呕吐声。

⑪輮：读音不详，古代邑名。

【译文】

　　富贵的时候容易招纳人才，贫贱的时候难以招纳人才。从前晋文公出逃在外，流亡天下，穷困、贫贱到了极点，介子推却没有离开他，是因为当时的晋文公有值得他拥戴的条件。等到晋文公回到晋国，成为万乘之国的君主，介子推却离开了他，是因为晋文公已经不再有值得他拥戴的条件了。能办到困难的事，却不能办到容易的事，这就是晋文公不能成就王业的原因。

　　晋文公回到晋国后，介子推不愿意接受封赏，他写了一首诗说："有一条飞龙，周游天下。有五条蛇跟随着它，作为它的辅佐。这条龙回到故乡，找到了安身之地。有四条蛇跟随它，得到了它赐予的恩惠。只有一条蛇感到羞耻，枯死在野外。"他把这首诗挂在晋文公的门前，然后隐居到山下。晋文公听到后说："啊！这一定是介子推写的。"于是晋文公搬出宫殿，改变服饰，对官员、百姓下令说："谁能找到介子推，我就封他为上卿，赏田万亩。"有人在山中遇到了介子推，见他背着锅、戴着斗笠，就问他说："请问介子推在哪里？"介子推回答说："介子推不愿意出仕，只愿意隐居，我怎么知道他在哪里呢？"于是转身离开那人，终生不再出现。

　　人心不同，差距不是很大吗？当今世上争名逐利的人，早上去上朝，晚上才回来，口干舌燥，日夜思索，也未必能获得名利；如今介子推能得到名利却想赶快远离它，介子推实在很脱俗啊。

　　东方有个士人叫作爰旌目，他准备去某个地方，却在路上饿昏了。

狐父这个地方有个盗贼叫作丘，看见了晕倒的爰旌目，就取下盛着汤饭的壶来喂他。爰旌目吃了好几口才睁眼，说："您是什么人？"丘回答说："我是狐父这个地方的人，叫作丘。"爰旌目说："啊！你不是强盗吗？为什么要给我吃的呢？我不该吃你的东西。"于是两手撑着地呕吐，没有吐出来，"喀喀"一阵就趴在地上死了。

郑国人攻下韩国的鞭地，楚国大将庄蹻在郢都残暴杀掠，秦国人围攻赵国的长平，韩、楚、赵这三国的将帅、贵人大都骄横恣睢，三国的士兵、百姓大都很强壮，却残暴地自相残杀，脆弱的人只能磕头请求免死，士兵们却相互杀戮而食，他们根本不懂大义，只希望侥幸活命。爰旌目已经吃下了东西而不会饿死，但是为了大义他坚决求死。和他相比，那些人不是差得太远了吗？

点评

　　屈原在《橘颂》中曾表彰"苏世独立，横而不流"，即清醒独立于世上，决不随波逐流的高尚气节。本文中的介子推、爰旌目便是具有这种高尚气节的人。虽然他们的行为在我们看来未免偏激了一些，但是他们"择善而固执"的独立人格还是值得大家钦佩的。

延伸/阅读

迷途知返

　　陶渊明是中国文学史上很有名的田园诗人。他十二岁时父母都已亡故，家道从此中落，但陶渊明却聪明过人，志向高远。后来，他经叔父引荐走上仕途，被任命为彭泽（今属江西）县令。

　　陶渊明上任不久，便接到通知，说郡里派督邮来彭泽视察工作。那督邮盛气凌人，要陶渊明穿了官服到驿舍去见他。陶渊明却表示不能为五斗米的俸禄而向这种势利小人折腰，于是交出官印，离开彭泽，归隐田园。

回乡途中，他创作了著名的《归去来兮辞》。在这篇赋的序中，他回顾了自己的过去，认为自己曾迷失了道路，好在走错的路还不远，现在已经觉悟，所以一定要重新走上新的旅程，不再涉足官场。

迷途知返后，陶渊明创作了许多传诵千古的优秀田园诗篇。

学海/拾贝

☆ 以贵富有人易，以贫贱有人难。

☆ 今世之逐利者，早朝晏退，焦唇干嗌，日夜思之，犹未之能得；今得之而务疾逃之，介子推之离俗远矣。

☆ 爰旌目曰："嘻！汝非盗邪？胡为而食我？吾义不食子之食也。"两手据地而吐之，不出，喀喀然遂伏地而死。

诚　廉

　　本篇颂扬了伯夷、叔齐宁可饿死也决不依附周朝的高尚气节。周朝灭商历来多被认为是仁者之师推翻暴君的正义行动，但伯夷、叔齐则看到了其中"以乱易暴"的"实质"，认为其与商纣的"无道"没有多大差别，因而周朝统治的天下同样是"德衰"的"暗"世，于是他们坚守"遭乎乱世，不为苟在"的古训，宁愿饿死于首阳山。作者认为这种气节是士人"受于天"的本性，伯夷、叔齐二人的行为是这种本性的自然体现。

【原文】

　　石可破也，而不可夺坚；丹可磨也，而不可夺赤。坚与赤，性之有也。性也者，所受于天也，非择取而为之也。豪士之自好者，其不可漫①以污也，亦犹此也。

扫码看视频

　　昔周之将兴也，有士二人，处于孤竹，曰伯夷、叔齐。二人相谓曰："吾闻西方有偏伯②焉，似将有道者，今吾奚为处乎此哉？"二子西行如周，至于岐阳，则文王已殁矣。武王即位，观周德，则王使叔旦就胶鬲于四内③，而与之盟曰："加富三等，就官一列。"为三书，同辞，血之以牲，埋一于四内，皆以一归。又使保召公就微子开于共头④之下，而与之盟曰："世为长侯，守殷常祀，相奉桑林，宜私孟诸⑤。"为三书，同辞，血之以牲，埋一于共头之下，皆以一归。

伯夷、叔齐闻之，相视而笑曰："嘻！异乎哉！此非吾所谓道也。昔者神农氏之有天下也，时祀尽敬而不祈福也。其于人也，忠信尽治而无求焉；乐正与为正，乐治与为治；不以人之坏自成也，不以人之庳⑥自高也。今周见殷之僻乱也，而遽为之正与治，上谋而行货，阻丘⑦而保威也。割牲而盟以为信，因四内与共头以明行，扬梦以说众，杀伐以要利，以此绍⑧殷，是以乱易暴也。吾闻古之士，遭乎治世，不避其任；遭乎乱世，不为苟在⑨。今天下暗，周德衰矣。与其并⑩乎周以漫吾身也，不若避之以洁吾行。"二子北行，至首阳之下而饿焉。

人之情，莫不有重，莫不有轻。有所重则欲全之，有所轻则以养所重。伯夷、叔齐，此二士者，皆出身⑪弃生以立其意，轻重先定也。

【注释】

①漫：玷污。

②偏伯：一方之长，此指西伯姬昌。

③四内：古地名。

④共头：山名，又名"共首"，在今河南辉县境内。

⑤私孟诸：把孟诸作为私人领地。孟诸，古泽名，在今河南商丘东北。

⑥庳（bì）：低下。

⑦阻丘：一作"阻兵"。

⑧绍：承继。

⑨在：存在，生存。

⑩并：通"傍"，依附。

⑪出身：舍身。

【译文】

石头可以被打破，但不能改变它坚硬的本质；丹砂可以被磨碎，但不能改变它红色的本性。坚硬和红色，是它们的本性。本性，是自然形成的，不是人为选择而成的。洁身自好的豪杰之士，不可被谩骂和玷污，也是这个道理。

从前周国将要兴起的时候，有两位贤士住在孤竹国，他们分别叫作伯夷、叔齐。二人相互议论说："我听说西方有个西伯，好像是有道之人，现在我们为何还要待在这儿呢？"两人于是向西到周国去，到了岐阳，周文王已经死了。周武王即位，为宣扬周德，就让周公旦（即叔旦）在四内迎接胶鬲，并和他立下盟誓说："加赏胶鬲三等富贵，任一等官职。"写下三份誓词，都是一样的文字，用牲畜的血来祭盟，把其中一份埋在四内，周公和胶鬲各持一份而回。周武王又派召公在共头迎接微子启（即微子开），和他盟誓说："允许你世代都为诸侯，守护商朝的宗庙，给予你桑林之祀，赐你孟诸作为私人封地。"写下三份誓词，一样的文字，用牲畜的血来祭盟，把其中一份埋在共头，召公和微子启各持一份而回。

伯夷、叔齐听说后，相视而笑说："啊！奇怪了！这不是我们所说的道啊。从前神农氏治理天下，祭祀时极尽恭敬而不向上天祈福；对待民众，忠厚诚实、尽职尽责而不索求什么；百姓乐意公正，就帮助实现公正；百姓乐意太平，就帮助实现太平；不利用别人的失败来使自己成功，不利用别人的卑微来使自己高尚。如今周国看到商国的混乱，就急忙去纠正和治理，这是崇尚计谋，运用贿赂，倚仗武力，炫耀威势。杀牲畜而结誓以表示诚信，借四内和共头的盟约来彰显德行，宣扬梦中的情形来迷惑众人，通过杀戮和征伐获取利益，以此来承继商朝，这是用混乱来推翻残暴。我听说古代的人，遇到盛世的时候，不推卸自己的责任；遭逢乱世的时候，不苟且偷生。如今天下大乱，周国的国运衰落了。与其依傍周国而玷污我们的名节，还不如避开它以保持自己的高洁。"于是两人向北而行，走到了首阳山下饿死了。

人之常情，莫不看重某些东西，莫不轻视某些东西。看重的东西就设法保全，轻视的东西就用来为看重的东西服务。伯夷、叔齐这两个人，都舍身弃生以坚守自己的信仰，是因为他们早已明确自己该看重什么、该轻视什么。

名师点评

本篇也是在讲士阶层应该保持的高风亮节，石碎不能去其坚，砂磨不能去其红，豪杰之士不能被轻慢侮辱的道理震撼人心。文章列举的古代著名贤人伯夷、叔齐不食周粟，结果饿死在首阳山的事迹，蕴含了他们对"乱世"的坚决抵制、对"治世"的执着信仰，不能简单看作逆历史潮流而动的行为。这种为了理想信念不惜牺牲生命的精神，古人称为"舍生取义"，今天可称为"革命理想高于天"，是值得敬仰的。习近平总书记在党的群众路线教育实践活动第一批总结会议上的讲话中就曾引用本篇开头四句，号召广大党员干部要像石头的坚硬和丹砂的赤红那样永远保持理想信念，可见本篇提出的观点至今仍有重要的教育意义。

延伸/阅读

公孙戌劝止田文不受象牙床

孟尝君出访楚国时，楚王要赠送给他一张象牙床，派郢都一个叫登徒直的人护送，登徒直不想护送，就找孟尝君的门客公孙戌商量说："象牙床价值千金，若有丝毫损伤，我就是卖了妻子儿女也赔不起啊。先生能不能帮我免掉这趟差事？事情若成，我愿赠先人宝剑给你。"公孙戌答应了。

公孙戌前去拜见孟尝君，说："您要接受楚王送的象牙床吗？"孟尝君点了点头。公孙戌劝他不要接受。孟尝君问为什么。公孙戌说："五国把相印授给您是因为您有怜恤孤苦、仁义廉洁的美德，在诸侯中人人称赞。现在您刚到楚国就接受了如此厚礼，到其他小国巡行时，他们又该送您什么礼物呢？所以我希望您不要接受它。"孟尝君觉得他说得对，就同意了。

公孙戌告辞后快步离开，还未走出小宫门，孟尝君就把他叫了回来，问道："先生叫我不受此礼固然很好，但为何如此欣喜呢？"公孙戌说："臣下有三件觉得可喜之事，外加得了一把宝剑。"孟尝君询问其中缘由，公孙戌回答说："您门下有许多食客，只有我敢于进谏，此喜之一；我敢于进谏，您能听进去，此喜之二；我的进谏能帮助您改过，此喜之三。楚国护送象牙床的登徒直告诉我，如果能帮他免掉此差事，便将祖传宝剑赠送给我，这也让我感到欣喜。"孟尝君听后没生气反而表示嘉许，说："先生接受宝剑了吗？"公孙戌说："没

有经过您的许可，我不敢接受。"于是孟尝君就催促他说："赶紧收下它！"

因为此事，孟尝君令人在门上贴出布告，写道：谁能传扬田文（即孟尝君）的名声，制止田文犯过失的，即使在外面私自获得了珍宝，也可以快来向我田文进谏。

学海/拾贝

☆ 石可破也，而不可夺坚；丹可磨也，而不可夺赤。

☆ 性也者，所受于天也，非择取而为之也。豪士之自好者，其不可漫以污也，亦犹此也。

☆ 吾闻古之士，遭乎治世，不避其任；遭乎乱世，不为苟在。

☆ 人之情，莫不有重，莫不有轻。有所重则欲全之，有所轻则以养所重。

有始览

去　尤

名师导读

　　去尤就是去除局限的意思，在本篇中指去除思想局限。文章通过亡斧疑邻、邾君反复、鲁人爱子三个故事，告诉我们只有去掉思想上的局限才能防止做出错误的判断。文章指出人之所以无法正确地认识事物，主要是因为主观感觉上的偏差和个人爱憎喜恶的影响。亡斧者之所以怀疑邻人之子，是因为他觉得邻人之子像小偷；邾君之所以不再采纳公息忌的正确意见，是因为他听信谗言，认定公息忌怀抱私心；鲁人之所以认为其相貌丑陋的儿子比最美的商咄还要美，是因为他爱子之情很深。因此，要客观公正地认识事物，就必须端正态度，避免主观爱憎的影响。

【原文】

　　世之听者，多有所尤①。多有所尤，则听必悖矣。所以尤者多故，其要必因人所喜，与因人所恶。东面望者不见西墙，南乡视者不睹北方，意有所在也。

　　人有亡铁②者，意其邻之子。视其行步，窃铁也；颜

扫码看视频

色，窃铁也；言语，窃铁也；动作态度，无为③而不窃铁也。扣④其谷而得其铁，他日复见其邻之子，动作态度，无似窃铁者。其邻之子非变也，己则变矣。变也者无他，有所尤也。

邾⑤之故法，为甲裳以帛。公息忌谓邾君曰："不若以组⑥。凡甲之所以为固者，以满窍也。今窍满矣，而任力者半耳。且组则不然，窍满则尽任力矣。"邾君以为然，曰："将何所以得组也？"公息忌对曰："上用之，则民为之矣。"邾君曰："善。"下令，令官为甲必以组。公息忌知说之行也，因令其家皆为组。人有伤之者曰："公息忌之所以欲用组者，其家多为组也。"邾君不说，于是复下令，令官为甲无以组。此邾君之有所尤也。为甲以组而便，公息忌虽多为组，何伤也？以组不便，公息忌虽无为组，亦何益也？为组与不为组，不足以累公息忌之说。用组之心，不可不察也。

鲁有恶者，其父出而见商咄⑦，反而告其邻曰："商咄不若吾子矣。"且其子至恶也，商咄至美也。彼以至美不如至恶，尤乎爱也。故知美之恶，知恶之美，然后能知美恶矣。《庄子》曰："以瓦殶⑧者翔⑨，以钩殶者战，以黄金殶者殆。其祥一也，而有所殆者，必外有所重者也。外有所重者泄，盖内掘。"鲁人可谓外有重矣。解在乎齐人之欲得金也，及秦墨者之相妒也，皆有所乎尤也。

老聃则得之矣，若植木而立乎独，必不合于俗，则何可扩矣。

【注释】

①尤：过失，此指偏见之类的过错。

②铁：通"斧"。

③无为：没有。

④抇（hú）：挖掘。

⑤邾：古国名，即"邹"在今山东地区。战国时为楚所灭。

⑥组：丝带。

⑦商咄：春秋鲁国美人之名。

⑧投（zhù）：投掷。这里指下赌注。

⑨翔：通"详"，安详。

【译文】

世上的人依靠听闻判断事理，往往有所局限。多有局限，那么依靠听闻判断事理就一定会产生谬误。之所以多有局限，关键在于人各自有所喜爱和有所憎恶。向东观望的人看不见西面的墙，朝南看的人望不见北方，这是因为心意偏于一方。

有个人丢了一把斧子，怀疑是邻居的儿子偷的。因此看他走路的样子，像偷斧子的人；看他的神色，像偷斧子的人；听他说话，也像是偷斧子的人；以至于他的一举一动，全都像是偷斧子的人。后来那人挖谷仓时找到了丢失的斧子，之后再看邻居的儿子，就觉得他的举止态度没有一点儿像偷斧子的人了。邻居的儿子并没有任何变化，只是那人自己的心态改变了而已。他心态改变的原因不是别的，而是他破除了原先的偏见。

邾国有个老办法，即制作铠甲时用帛来连缀。公息忌对国君说："不如改用丝带来连缀。铠甲之所以坚固结实，是因为铠甲的缝隙都被塞满了。如今铠甲的缝隙虽然塞满了，可是只能承受原本可以承受的力的一半。而用丝带连缀就不会这样了，缝隙塞满了就可以承受它可以承受的全部的力了。"国君认为他说得对，说："怎样才能得到丝带呢？"公息忌回答说："君主使用它，百姓就会制作它。"国君说："好！"于是发布命令，要求制作铠甲必须用丝带连缀。公息忌知道自己的建议将要被实行，就让家人都编制丝带。有人诽谤公息忌说："公息忌之所以想让国君改用丝带，是因为他的家人编制了很多的丝带。"国君听到后很不高兴，于是下令仍然用帛来连缀铠甲而不用丝带。这样看来，这是国君有所局限。如果采用丝带连缀铠甲更为有利，即使公息忌家里有大量的丝带又有何妨？如果用丝带没有好处，即使公息忌家里没有人编织，又有何益处呢？公息忌家里有没有编制丝带，都不足以妨碍公息忌的建议。改用丝带的真正用意，不能不明察啊。

　　鲁国有一个长相丑陋的人，他的父亲外出时见到了商咄，回到家后对邻居们说："商咄还不如我儿子好看。"但他的儿子其实很丑陋，而商咄却很英俊漂亮。那人认为最漂亮的还不如最丑陋的，这是因为他偏爱自己的儿子而有所蒙蔽。所以，知道美好的东西不好的方面，又知道不好的东西好的方面，这样才能真正地了解好与不好。《庄子》说："用瓦器来作为赌注下赌时人的内心是坦然的，用衣带钩作为赌注下赌时内心是不安的，用黄金作为赌注时内心是昏乱的。他们的赌技没变，内心昏乱是因为有了所看重的外物。有了所看重的外物就会对它亲近而心神不安。"这个鲁人就是有了所看重的外物。这样的道理可以从齐人想得到金子、秦国的墨者相互嫉妒的故事中得到充分的说明，这些人都是因

为有所局限啊。

老聃是明白这个道理的，他就像直立的树木一样独立于世，必然不苟合于世俗，那么还有什么能够让他心神不安呢？

点评 名师

人都是有感情的，真、善、美使我们热爱，假、丑、恶令我们憎恶，这对于社会的进步、人生的幸福无疑有正面的意义。但是喜怒爱憎这些感情有时也会成为我们正确看待事物的障碍。本篇中出现的"疑邻偷斧"等三个故事，意在教育我们要去除这种思想局限，不让个人的爱憎影响判断。只有这样，才能避免被蒙蔽，对事物或现象才能认识得全面、彻底。看事物不能局限于自己的爱憎，而应该拥有更广阔的胸襟与眼界，这就要求我们多读书、多学习，提高自己的见解。

延伸/阅读

鲁仲连智劝辛垣衍

公元前257年，秦国的大军包围了赵国国都邯郸。魏国将军辛垣衍潜入邯郸，通过相国平原君转告赵王说，秦军围困邯郸，是想要逼赵国尊秦昭王为帝，如果赵王能这样做，秦国一定会撤军。

这时，齐国的高士鲁仲连正好在赵国，听说了这件事，就来见平原君，表示他愿意让辛垣衍放弃这样的想法。辛垣衍会见鲁仲连后，见对方不开口，便说道："我见留在这座围城中的人，都是为了从平原君那里得到利益。但我打量先生的模样，却并非这样的人，那为何还不离开呢？"

鲁仲连不卑不亢地说："秦国是个不顾礼义、急功近利的国家，恃着强大欺凌各国，屠杀百姓。它和各国并列做诸侯，尚且是这样，倘若秦王被尊为帝，就会更加助长他的暴虐，他就更可以名正言顺地奴役各国了。他一旦称帝，就可以命令诸侯去朝见，从而随意处置他们，撤掉憎恶的人，培植喜欢的人。那时，不仅各国王侯没有安定的日子，就连将军的爵禄也怕是保不住呢！"

辛垣衍听到这里，连忙起身向鲁仲连拜谢道："起先我以为先生是个庸人，如今才知道先生真是天下少有的智者。请允许我就此告辞，今后再不会提尊秦为帝的事了。"

不久，魏公子无忌率领大军来救赵国，秦军见形势对自己不利，只好撤兵回国。

平原君决定封赏鲁仲连，但他一再辞谢，不愿接受，说："作为天下之士，可贵之处就在于他们能为他人排忧解难、解决纠纷，而不收取报酬。如果要收取报酬，那与商人有什么两样呢？我鲁仲连不是这样的人。"

学海/拾贝

☆ 世之听者，多有所尤。多有所尤，则听必悖矣。所以尤者多故，其要必因人所喜，与因人所恶。

☆ 彼以至美不如至恶，尤乎爱也。故知美之恶，知恶之美，然后能知美恶矣。

☆ 其祥一也，而有所殆者，必外有所重者也。外有所重者泄，盖内掘。

谨 听

名师导读

　　本篇论述慎重听取贤士意见的重要性。开头将禹礼遇贤士以了解自己的不足与亡国之君不听他人意见进行对比，指出君主有不足不要紧，自以为是才最可怕。接着谈论尧得到舜、舜得到禹都是因为他们善于"断之于耳"，进一步指出善于"听言"的重要意义和"不知而自以为知""不深知贤者之所言"的巨大危害。最后指出当时天下大乱，君主最急需的就是"求有道之士""必礼必知"，认真听取他们的见解，这样才能平定天下。

【原文】

　　昔者禹一沐①而三捉②发，一食而三起，以礼有道之士，通乎己之不足也。通乎己之不足，则不与物争矣。愉易③平静以待之，使夫自得之；因然而然之，使夫自言之。亡国之主反此，乃自贤而少人。少人则说者持容④而不极⑤，听者自多而不得。虽有天下，何益焉？是乃冥之昭，乱之定，毁之成，危之宁。故殷周以亡，比干以死，悖而不足以举。

　　故人主之性，莫过⑥乎所疑，而过于其所不疑；不过乎所不知，而过于其所以知。故虽不疑，虽已知，必察之以法，揆之以量，验之以数。若此，则是非无所失，而举措无所过矣。

　　夫尧恶得贤天下而试⑦舜？舜恶得贤天下而试禹？断之于耳而已矣。耳之可以断也，反性命之情也。今夫惑者，非知反性命之情，其次非知观于五帝三王之所以成也，则奚自知其世之不可也？奚自知其身之不逮也？太上知之，其次知其不知。不知则问，不能则学。《周箴》曰："夫自念斯，学德未暮。"学贤问，三代之所以昌也。不知而自以为知，百祸之宗也。

　　名不徒立，功不自成，国不虚存，必有贤者。贤者之道，牟⑧而难知，妙而难见。故见贤者而不耸⑨，则不惕⑩于心。不惕于心，则知之不深。不深知贤者之所言，不祥莫大焉。

　　主贤世治，则贤者在上；主不肖世乱，则贤者在下。今周室既灭，而天子已绝。乱莫大于无天子。无天子，则强者胜弱，众者暴寡，以兵相残，不得休息。今之世当之矣。故当今之世，求有道之士，则于四海之内，山谷之中，僻远幽闲之所，若此则幸于得之矣。得之，则何欲而不得？何为而不成？太公钓于滋泉，遭纣之世也，故文王得之而王。文王，千乘也；纣，天子也。天子失之，而千乘得之，知之与不知也。诸众齐民，不待知而使，不待礼而令。若夫有道之士，必礼必知，然后其智能可尽。解在乎胜书之说周公，可谓能听矣；齐桓公之见小臣稷，魏文侯之见田子方也⑪，皆可谓能礼士矣。

【注释】

①沐：洗发。

②捉：握住。

③愉易：平和。

④持容：矜持。

⑤极：尽，指尽言。

⑥过：犯错。

⑦试：任用。

⑧牟：大。

⑨耸：敬。

⑩惕：动。

⑪"魏文候"句：当为"魏文候之见段干木"之误。

【译文】

从前禹洗一次头要多次握住头发停下来，吃一顿饭要多次起身离座，以便礼遇贤士，靠他们的帮助来通晓自己的不足。通晓自己的不足，就不容易与外物相争。贤明的君主平和地对待贤士，让他们各得其所；一切顺其自然，让他们尽情发表自己的意见。亡国之君的所作所为恰恰相反，他们觉得自己贤明而轻视别人。轻视别人就导致说话的人矜持而无法畅所欲言，听的人自以为是而没有收获。这样一来虽然拥有天下，又有什么用呢？这是把昏暗当成光明，把混乱当成安定，把毁坏当成建设，把危险当成安宁。所以殷周因此而灭亡，比干也因此而死，这样荒唐的事不胜枚举。

所以，为君的常情是，不会在有所怀疑的事情上犯错误，反而在深信不疑的地方犯错误；不会因为不知道而犯错误，却会因为知道而犯错误。所以，即使是自己深信不疑的，即使是自己已

经知道的，也一定要用法令加以考察，用度量加以测定，用数术加以检验。这样的话，是非判断就不会出错，行为举动就不会有过失了。

尧如何选拔天下贤人而任用了舜呢？舜怎样选拔天下贤人而任用了禹呢？只是根据耳朵所听到的就做出决断罢了。凭耳朵所听到的就能够决断贤与不贤，是因为回归了人的自然本性。现在那些糊涂的人，不知道回归自然本性，又不知道考察五帝三王成就丰功伟业的原因，那又怎么知道他们所生活的世道不如尧舜之世呢？怎么知道他们自身远远逊于五帝三王呢？最高明的是无所不知，其次是知道自己有所不知。不知就要问，不会就要学。《周箴》中说："只要自己经常思考这些问题，修养道德就不算晚。"学习贤者、请教智者，这正是夏、商、周三代昌盛的原因。不知道却自以为知道，乃是各种祸患的根源。

名声不会无缘无故地树立，功绩不会自然而然地建成，国家不会凭空保存，一定要有贤士的辅佐才行。贤能之人的道，博大而难以知晓，精妙而难以了解。所以，遇到贤士而不恭敬，就无法动心。无法动心，就不能深刻了解。不能深刻地了解贤人的言论，没有比这更大的祸患了。

君主贤明、世道太平，那么贤德之人就处在上位；君主不肖、世道混乱，那么贤德之人就处在下位。现在，周王室已经灭亡，天子已经断绝。世道混乱没有比无天子更严重的了。没有天子，那么势力强的就会压倒势力弱的，人多的就会欺凌人少的，他们出动军队互相残杀，人民就得不到休养生息的机会。当今的社会正是这样的情形。所以，当今之世，要寻找有道之人，就要到四海边、山谷中和偏远幽静的地方，这样或许还能找到他们。有

了这样的人，那么想要什么不能得到，想做什么不能成功？姜太公在滋泉钓鱼，正逢商纣之世，周文王得到他因而能称王天下。文王是诸侯，纣是天子。天子失去姜太公，而诸侯却得到姜太公，这是因为一个知贤，而一个不知贤。对于一般的平民百姓，不必了解就可以役使，不用礼遇就可以号令。对待有道之人，则一定要有礼貌，一定要了解他们，然后他们才肯尽其才智来辅佐你。这个道理体现在胜书劝说周公这件事上，周公可以说是能倾听别人意见的人了。这个道理还体现在齐桓公去见小臣稷、魏文侯去见段干木上，这些君主都可以说是能礼贤下士的人。

名师点评

　　本篇是讲君主应该如何谨慎听取贤士的言论，中心思想是君主要正确认识自己的不足，虚心听取建议，而不能自以为是、轻视别人。孔子曾经说过："三人行，必有我师焉。"我们也要虚心向他人学习，不断取长补短，以提高自己。

延伸/阅读

裹足不前

　　战国末期，韩国怕被秦国灭掉，派水工郑国到秦国鼓动修建水渠，目的是想削弱秦国的人力和物力。后来，郑国修渠的目的暴露了。秦王嬴政就下令驱逐客卿，李斯也在被逐之列。于是李斯上书秦王，劝其撤销逐客令，因此便有了著名的《谏逐客书》。

　　在文中他说：我听说，地域广的，粮食必多；国家大的，人民必众；武器锋利的，兵士一定勇敢。所以泰山不拒绝土壤，方能成为巍巍大山；

河海不遗弃溪流，方能成为深水；称王的人不抛弃民众，才能表现出他的德行。所以，地不分东西，民不论国籍，一年四季都富裕丰足，鬼神也会来降福。这正是五帝三王之所以无敌的原因啊！现在陛下却抛弃百姓以帮助敌国，拒绝宾客以壮大诸侯，使天下之士退出秦国而不敢往西，裹足不敢入秦，这正是人们所说的把粮食送给强盗，把武器借给敌人啊！

秦王明辨是非，立即取消了逐客令。

学海／拾贝

☆ 愉易平静以待之，使夫自得之；因然而然之，使夫自言之。

☆ 太上知之，其次知其不知。不知则问，不能则学。

☆ 不知而自以为知，百祸之宗也。

本　味

名师导读

　　本篇的主体部分是通过伊尹"说汤以至味"的故事来表达成功的关键在于务本的观点，所以题目叫作"本味"。作者逻辑如下：汤如果要享用最好的美味，关键在于成为天子；要想成为天子，关键在于"知道"；要想"知道"，关键在于有"有道"的贤士的辅佐；而有"有道"的贤士的辅佐，关键在于得到这些贤士。所以文章开头说："其本在得贤。"第二、三两个自然段谈的是如何得贤，看似与后面强调"知道"不一致，其实是有紧密的内在关联的。

【原文】

　　求之其本，经旬必得；求之其末，劳而无功。功名之立，由事之本也，得贤之化也。非贤，其孰知乎事化？故曰其本在得贤。

　　有侁氏女子采桑，得婴儿于空桑之中，献之其君。其君令烰人①养之，察其所以然。曰："其母居伊水之上，孕，梦有神告之曰：'臼出水而东走，毋顾！'明日，视臼出水，告其邻，东走十里而顾，其邑尽为水，身因化为空桑。故命之曰伊尹。"此伊尹生空桑之故也。长而贤。汤闻伊尹，使人请之有侁氏，有侁氏不可。伊尹亦欲归汤，汤于是请取妇为婚。有侁氏喜，以伊尹媵女。故贤主之求有道之士，无不以也；有道之士求贤主，无不行也。相得然后乐。不谋而亲，不约而信，相为殚智竭力，犯危行苦，志欢乐之。此功名所以大成也。固不独，士有孤而自恃，人主有奋而好独者，则名号必废熄，社稷必危殆。故黄帝立四面，尧、舜得伯阳、续耳然后成。

凡贤人之德，有以知之也。伯牙鼓琴，钟子期听之。方鼓琴而志在太山，钟子期曰："善哉乎鼓琴！巍巍乎若太山。"少选之间，而志在流水，钟子期又曰："善哉乎鼓琴！汤汤乎若流水。"钟子期死，伯牙破琴绝弦，终身不复鼓琴，以为世无足复为鼓琴者。非独琴若此也，贤者亦然。虽有贤者，而无礼以接之，贤奚由尽忠？犹御之不善，骥不自千里也。

汤得伊尹，祓②之于庙，爝以爟火③，衅以牺猳④。明日，设朝而见之。说汤以至味，汤曰："可对而为乎？"对曰："君之国小，不足以具之，为天子然后可具。夫三群之虫⑤，水居者腥，肉玃⑥者臊，草食者膻。臭恶犹美，皆有所以。凡味之本，水最为始。五味三材⑦，九沸九变，火为之纪。时疾时徐，灭腥去臊除膻，必以其胜，无失其理。调和之事，必以甘酸苦辛咸，先后多少，其齐⑧甚微，皆有自起。鼎中之变，精妙微纤，口弗能言，志弗能喻，若射御之微，阴阳之化，四时之数。故久而不弊，熟而不烂，甘而不哝，酸而不酷，咸而不减，辛而不烈，澹而不薄，肥而不腻。肉之美者，猩猩之唇，獾獾之炙，隽觾之翠⑨，述荡之挈⑩，旄象之约。流沙之西，丹山之南，有凤之丸，沃民所食。鱼之美者：洞庭之鳟，东海之鲕。醴水之鱼，名曰朱鳖，六足、有珠、百碧⑪。藋水之鱼，名曰鳐，其状若鲤而有翼，常从西海夜飞游于东海。菜之美者：昆仑之蘋，寿木之华。指姑之东，中容之国，有赤木玄木之叶焉。余瞀之南，南极之崖，有菜，其名曰嘉树，其色若碧。阳华之芸，云梦之芹，具区之菁。浸渊之草，名曰土英。和之美者：阳朴之姜，招摇之桂，越骆之菌，鳣鲔之醢⑫，大夏之盐，宰揭之露，其色如玉，长泽之卵。饭之美者：玄山之禾，不周之粟，阳山之穄⑬，南海之秬⑭。水之美者：三危之露，昆仑之井，沮江之丘，名曰摇水，白山之水，高泉之山，其上有涌泉焉，冀州之原。果之美者：沙棠之实。常山之北，投渊之上，有百果焉，群帝所食。箕山之东，青鸟之所，有甘栌焉。江浦之橘，云梦之柚，汉上石耳。所以致之，马之美者，青龙之匹，遗风之乘。非先为天子，不可得而具。天子不可强为，必先知道。道者止彼在己，己成而天子成，天子成则至味具。故审近所以知远也，成己所以成人也。圣人之道要矣，岂越越⑮多业哉？"

【注释】

①烰人：庖人，即厨师。烰，通"疱"。

②祓（fú）：古代为除灾去邪而举行的祭礼。

③爝（jué）：束苇为炬，烧之以祓除不祥。爟（guàn）火：古谓祓除不祥的火。

④衅：古代新制器物成，杀牲以祭，用血涂祭器。牺：古代祭祀用的纯色牲畜。豭：亦作"猳"，公猪。

⑤三群之虫：指下文所说的水居者、肉獲者、草食者三类动物。

⑥獲（jué）：通"攫"，用爪子抓取。

⑦三材：指水、火、木。

⑧齐：通"剂"，剂量，调剂。

⑨隽觾：鸟名。翠：鸟尾上的肉。

⑩述荡：兽名。擘（wàn）：脚圈。这里指兽的小腿。

⑪百碧：疑为"青碧"之误。

⑫醢（hǎi）：肉酱。

⑬穄（jì）：糜子，即黍之不黏者。

⑭秬（jù）：黑黍。

⑮越越：用力的样子。

【译文】

做事从根本着手，经过一段时间必能有所收获；从细枝末节着手，花费再多时间也是劳而无功。功名的建立，都是因为掌握了事物的根本，得到了贤人的教化。如果不是贤人，谁能知道事情的发展变化呢？所以说，建立功名的根本在于得到贤人。

有侁氏的女子采桑时，在中空的桑树里捡到了一个婴儿，把他献给了君主。君主让厨师抚养这个婴儿，并让他去了解是怎么回事。厨师报告说："婴儿的母亲住在伊水岸边，怀了孕，梦见天神告诉她说：'臼里如果出水就向东跑，不要回头看！'第二天，她看到臼里出了水，就把情况告诉了邻居，向东跑了十里路，回头一看，她的村子已是一片汪洋，而她也变成了一棵中空的桑树。所以给这个婴儿起名伊尹。"这就是伊尹生于空桑的故事。伊尹长大后很贤德。商汤听说伊尹有贤德，就派人请求有侁氏让伊尹跟随他，有侁氏不答应。但伊尹本人想归附汤，汤于是求娶有侁氏的女子为妻，结为婚姻。有侁氏很高兴，就把伊尹作为陪嫁的人送给了汤。所以，贤明的君主为求有道之士，没有什么办法是不用的；有道之士为求贤明的君主，没有什么事情是不做的。

各如其愿，彼此快乐。不谋划就能亲密无间，不约定就能恪守信用，共同尽心竭力，承担危难劳苦，内心以此为乐。这就是功名大成的原因。贤明的君主和有道之士本来就不是独自奋斗才成就功名的，士人如果孤傲而自负，君主如果骄傲而好独断专行，那么名声必定被毁，国家必定有危险。所以黄帝任用四方的贤才，尧、舜分别得到伯阳和续耳，然后成就了帝业。

大凡是贤德之人，他们的品德是有办法了解的。伯牙弹琴，钟子期听。刚开始弹琴时志在高山，钟子期说："弹得好！就像高山一样巍峨！"过了一会儿，琴声志在流水，钟子期又说："弹得好！就像流水一样激荡！"钟子期死后，伯牙摔琴断弦，终生不再弹琴，认为世上再没有值得为之弹琴的人了。不仅弹琴如此，寻求贤人也是这样。即使是有贤人，如果不以礼相待，贤人又怎会尽忠呢？就像骑手不好，良马也不能独自奔驰千里。

汤得到伊尹之后，在宗庙举行消除灾邪的仪式，点燃苇束祛除不祥，用纯色雄猪的血涂抹祭器。次日上朝，汤以礼接见伊尹。伊尹给汤讲述了世上最好的美味，汤问："可以照你说的做到吗？"伊尹回答说："你的国家小，条件还不具备，只有当了天子才能做到。天地间的动物，生活在水里的气味腥，食肉的气味臊，吃草的气味膻。这些动物腥臊难闻，但还是能做出美味佳肴来，都是因为有烹饪的方法。调味的根本，首先在于用水。依照酸、甜、苦、辣、咸五种味道和水、木、火三种材料进行烹饪，九沸九变，这都是用火来控制、调节的。时而猛火加热，时而文火温煮，除去腥味、臊味、膻味，关键在于掌握火候，不能违背它的规律。调和味道，一定要用甜、酸、苦、辣、咸五味，先放后放，放多放少，调料的剂量很小，这些都有一定之规。鼎中味道的变化，甚为微妙，不能言传，也不能意会，如同射箭、驭马的技巧一样精微，又像阴阳二气化生万物、春夏秋冬四季时序变化一样自然。这样才会使食物时间长而不败坏，熟而不烂，甜而不过度，酸而不过分，咸而不损原味，辣而不刺激，淡而不薄，肥而不腻。肉类中的佳品有：猩猩的嘴唇，獾獾的脚掌，隽觾的尾肉，述荡兽的小腿，旄牛、大象的尾巴，以及流沙西边、丹山南边，沃国人食用的凤卵。鱼中的美味有：洞庭湖的鲋鱼，东海的鲕鱼，醴水中六只脚、能吐珠子、青翠色的朱鳖，藿水中形似鲤鱼却有翅膀、常在夜里从西海飞到东海的鳐鱼。菜类中的佳品有：昆仑山的蘋菜，寿木的花果，指姑东边、中容国里红树黑树的叶子，余瞀南边、南极崖上色如碧玉的嘉树，阳华山的芸菜，云梦泽的芹菜，具区泽的菁菜，还有浸渊的土英草。调料中的美味有：阳朴的生姜，招摇的桂皮，越骆国的香菌，鳢鱼和鲔鱼制成的肉酱，大夏的盐，宰揭产的洁白如玉的露，以及长泽产的鸟卵。粮食中的佳品有：玄山的禾谷，不周山的小米，阳山的糜子，南海的黑黍。水中的美味有：三危山的露水，昆仑山的泉水，沮江边山丘上名叫摇水的泉水，白山的水，高泉山上作为冀水之源的涌泉。水果中的佳品有：沙棠树的果实，常山北边、投渊上边先帝们享用的各种果实，箕山东边、青鸟栖息处的甜橙，大江两岸的橘子，云梦泽畔的柚子，汉水两旁山上的石耳。要把这些美味佳品罗致到身边，就要用良马，如青龙马、遗风马。如果不先成为天子，就不能得到天下良马，上述美味佳品也无法得到。天子不是勉强就可以当的，必须先懂得帝王仁义之道。帝王之道，不在他人，而在自己。自己具备并实践了帝王之道，就能成为天子。当了天子，那各种美味佳品自会完全具备。所以，审察身边的事物就可以了解至远至大的道理，自己具备了仁义之道，就可以教化天下人。这就是圣人之道的精要，哪里用得着费力去做许多琐事呢？"

点师名评

本篇是在阐述作者的治国思想，强调知贤、礼贤的重要性。文章的主体部分是伊尹"说汤以至味"，写得生动有趣，由此引出治国必须务本的道理。对于青少年来说，我们的本职是学习，但思想是行动的依据，因此也不能忽视道德修养等根本素质的提升。

延伸/阅读

魏文侯拜师

魏文侯是战国时期魏国开国君主，他当上国君以后，四处寻找人才。

他听说有个叫段干木的马匹交易经纪人很能干，却不喜欢做官，但还是决定请他出来帮助治国。有一天，魏文侯带着随从驱车奔向段干木的住所。一到巷口文侯就下了车，为了不惊动贤士，他屏退左右，毕恭毕敬地来到段干木的门前，轻轻地叩动门环，有礼貌地请仆人进去告诉一声，说文侯求见。

没想到段干木一听说文侯要见自己，三步并作两步冲到院里，纵身一跃跳墙逃跑了。遭到这样的冷遇，魏文侯没有灰心，每次路过段干木住的巷口，他总是垂首弯腰扶着车前的横木向段干木的住所致敬。时间长了，段干木的家人感到很奇怪，就问道："尊敬的国君，段干木不理睬您，您为什么一过巷口就向他的住所致敬呢？"

文侯说："段干木是一个贤能之士啊！他不追求权势利益，拥有卓越才能。他深明大义，隐居在贫陋小巷里，却声名传千里，我怎么能不敬重他呢？"

段干木听说后很感动，魏文侯再来求见时就不回避了。文侯请段干木出任相国，段干木不肯。文侯看段干木很坚决，就登门求教。段干木坐在一把破椅子上，滔滔不绝地讲治国安邦、举贤任能的为君之道和休养生息、爱护百姓的立国之本。魏文侯就像小学生听讲一样不敢坐下，一直肃立在段干木面前，认真体会其中的道理。虽然站累了，腿直发麻，但他怕打断老师的思路而听不到金石之言，始终不敢提出暂且回去、下次再来听讲的要求。

就这样，魏文侯拜段干木为师，一次又一次地登门求教，学到了不少有益的东西。

学海/拾贝

☆ 求之其本，经旬必得；求之其末，劳而无功。功名之立，由事之本也，得贤之化也。

☆ 不谋而亲，不约而信，相为殚智竭力，犯危行苦，志欢乐之。

☆ 虽有贤者，而无礼以接之，贤奚由尽忠？犹御之不善，骥不自千里也。

义 赏

名师导读

"义赏"即根据道义进行奖赏。文章首先论述了根据道义进行奖赏的重要意义，认为统治者这样做，就可使社会形成"忠信亲爱"的良好风气，对民众的教化就会取得成功；反之社会风气会变得奸诈贪残，民众也难以教化。接下来用晋文公赏雍季和赵简子赏高赦的事例对上述观点进行论证，从中可见其据以奖赏的道义的具体内涵：一是诚信。雍季反对欺诈的手段，晋文公予以奖赏，所看重的自然是其对诚信的持守。二是礼。赵简子奖赏高赦是因为高赦在危难之中对赵简子"不失君臣之礼"。

【原文】

春气至则草木产，秋气至则草木落。产与落，或使之，非自然也。故使之者至，物无不为；使之者不至，物无可为。古之人审其所以使，故物莫不为用。

赏罚之柄①，此上之所以使也。其所以加者义，则忠信亲爱之道彰。久彰而愈长，民之安之若性，此之谓教成。教成，则虽有厚赏严威弗能禁。故善教者，义以赏罚而教成②，教成而赏罚弗能禁。用赏罚不当亦然。奸伪贼乱贪戾之道兴，久兴而不息，民之雠③之若性。

戎、夷、胡、貉、巴、越之民是以，虽有厚赏严罚弗能禁。郢人之以两版垣也，吴起变之而见恶。赏罚易而民安乐。氐羌之民，其虏也，不忧其系累④，而忧其死不焚也。皆成乎邪也。故赏罚之所加，不可不慎。且成而贼民。⑤

昔晋文公将与楚人战于城濮，召咎犯而问曰："楚众我寡，奈何而可？"咎犯对曰："臣闻繁礼之君，不足于文；繁战之君，不足于诈。君亦诈之而已。"文公以咎犯言告雍季，雍季曰："竭泽而渔，岂不获得？而明年无鱼。焚薮⑥而田，岂不获得？而明年无兽。诈伪之道，虽今偷可，后将无复，非长术也。"文公用咎犯之言，而败楚人于城濮。反而为赏，雍季在上。左右谏曰："城濮之功，咎犯之谋也。君用其言而赏后其身，或者不可乎！"文公曰："雍季之言，百世之利也；咎犯之言，一时之务也。焉有以一时之务先百世之利者乎？"孔子闻之，曰："临难用诈，足以却敌；反而尊贤，足以报德。文公虽不终始，足以霸矣。"赏重则民移之，民移之则成焉。成乎诈，其成毁，其胜败。天下胜者众矣，而霸者乃五。文公处其一，知胜之所成也。胜而不知胜之所成，与无胜同。秦胜于戎，而败乎殽⑦；楚胜于诸夏，而败乎柏举。武王得之矣，故一胜而王天下。众诈盈国，不可以为安，患非独外也。

赵襄子出围⑧，赏有功者五人，高赦为首。张孟谈曰："晋阳之中，赦无大功，赏而为首，何也？"襄子曰："寡人之国危，社稷殆，身在忧约之中，与寡人交而不失君臣之礼者，惟赦。吾是以先之。"仲尼闻之，曰："襄子可谓善赏矣！赏一人，而天下之为人臣莫敢失礼。"为六军则不可易。北取代，东迫齐，令张孟谈逾城潜行，与魏桓、韩康期而击智伯，断其头以为觞，遂定三家，岂非用赏罚当邪？

【注释】

①柄：权柄。

②义以赏罚而教成：原作"不以赏罚而教成"，今据陶鸿庆说改。

③雠（chóu）：施行，用。

④系累：拘禁。

⑤"郢人……贼民"句：此句语序应为："郢人之以两版垣也，吴起变之而见恶。赏罚易而民安乐。氐羌之民，其虏也，不忧其系累，而忧其死不焚也。皆成乎邪也，且成而贼民。故赏罚之所加，不可不慎。"（据陈奇猷之说。）后文译文即据此。

⑥薮（sǒu）：少水而草木丰茂的沼泽。

⑦殽（xiáo）：山名，即崤山，在今河南省西部。

⑧赵襄子出围：智伯率领韩、魏之兵把赵襄子围在晋阳城三个月，后来赵与韩、魏联合灭了智伯，赵襄子方才解围。

【译文】

春天到来，草木就生长；秋天到来，草木就凋零。生长与凋零，是由季节支配的，不是草木自身决定的。因此，当支配的力量出现时，世间万物就会随之变化；当支配的力量消失时，世间万物就不会发生变化。古人能够审察支配万物变化的根本，因而万物都为他们所用。

赏罚的权力，是由君主掌握的。如果所实施的赏罚符合道义，那么，忠诚笃信、相亲相爱的原则就会彰显。这样的原则长期得到彰显并且日渐增强，就会深入民心，民众就会像出于本性一样地信服和遵守它们，这就叫作教化成功。教化成功了，即使利用优厚的奖赏和严厉的惩罚也不能令人犯禁。所以，擅长教化的人，是根据道义来施行奖赏和惩罚，这样教化就能得到成功，教化成功之后即使重赏、严罚也不能让人们放弃行善。实施赏罚如果不符合道义也是如此。如果不符合道义，就会出现奸诈、虚伪、为害、作乱、贪婪、残暴等风气，这样的风气如果长久存在，民众也会自然而然、心安理得地接受它们。戎、夷、胡、貉、巴、越的人就是这样的，即使实施重赏、严罚也不能阻止他们放弃这样的风气转而从善。郢人用两块夹板修建土墙，吴起改变了这种方法，结果被人怨恨。用赏罚改变邪曲之事，民众才会感到安乐。氐、羌之地的野蛮人掠夺中原国家而被俘后，不担心自己将被执刑，却担心自己死后不被火葬。这都是邪曲导致的。而邪曲一旦形成就会伤害民众。因此实行赏罚，不能不谨慎。

从前，晋文公要和楚国军队在城濮作战，召来咎犯问道："楚国兵多，我国兵少，怎样才能取胜呢？"咎犯回答说："我听说喜好繁杂礼仪的君主，从不满足于盛大的礼仪；频繁用兵作战的君主，从不满足于诡诈之术。您只要对楚军用诈术就行了。"文公把咎犯的话告诉了雍季，雍季说："把池塘的水放干了再去捕鱼，哪能捕不到鱼呢？可是第二年就没有鱼可捕了。把沼泽地烧光了来打猎，哪能打不到野兽呢？可是第二年就没有野兽可打了。诈骗的方法，可以一时奏效，可是以后就不会有用了，这不是长久之计。"文公采纳了咎犯的意见，在城濮击败了楚军。回国以后论功颁赏，雍季居首位。文公身边的人劝谏说："城濮之战胜利，是因为采用了咎犯的计谋。您采纳了他的意见，可是奖赏的时候却把他放在后边，这或许不合适吧！"文公说："雍季的话，对百世有利；咎犯的话，只顾及一时。哪有把一时的权宜之计放在对百世有利的建议前面的道理？"孔子听到这件事以后，说："遇到危难而采用骗术，足以打败敌人；得胜回来后尊崇贤人，足以酬报贤德。文公虽然不能始终坚持，却足以称霸诸侯了。"奖赏优厚，人民就会改变习性，习性得到改变，教化就能成功。靠诈术成功，即便成功了，最终也必定失败，即使胜利了，最终也必定毁灭。天下取得过一时胜利的诸侯很多，可是成就霸业的不过五人。文公是其中的一个，因为他知道怎样取得胜利。取得了胜利却不知道胜利的原因，那就跟没有取得胜利一样。秦国战胜了戎，却在崤山吃了败仗；楚国战胜了中原诸国，却在柏举败给了吴国。周武王懂得这个道理，所以他能一举战胜纣而称王于天下。国家如果有太多的欺骗，就不会得到安宁，因为祸患不单单来自国外。

赵襄子从晋阳的围困中解脱以后，奖赏五个有功劳的人，高赦居首。张孟谈说："被围困在晋阳之时，高赦没有大功，赏赐时他却居首，这是为什么呢？"赵襄子说："在晋阳被困时，国家社稷危在旦夕，我身陷忧困之中，跟我交往而不失君臣之礼的，只有高赦。因此我把他放在首位。"孔子听到这件事以后，说："襄子可谓善于赏赐啊！赏赐了高赦，天下那些当臣子的就没人敢失君臣之礼了。"赵襄子用这种办法治理军队，军队就不敢轻慢无礼了。赵国向北灭掉代国，向东威逼齐国，让张孟谈越出城墙暗中行进，去和魏桓子、韩康约定日期袭击智伯，击败智伯的军队后，砍下智伯的头作为酒器，终于奠定三家分晋的局面，这难道不是赏罚得当的缘故吗？

名师点评

本篇主张奖赏应依据道义来施行，而所谓道义不是即时的现实功利，而是有助于形成良好社会风气的守信、守礼的美德，这种观点体现了重义轻利的儒家思想。在当前社会"金钱至上"的氛围里，我们重温这种思想，对于防止自我迷失、不使自己的价值观为名利所扭曲，仍是具有意义的。

延伸/阅读

商鞅南门立木

公元前361年，秦孝公即位，决心在秦国进行一场经济、文化、军事、政治等方面的大变革，尽快让秦国强大起来。于是，他发布了一道"求贤令"，用高官厚禄吸引各国人才到秦国。"求贤令"发布后，陆续吸引了很多人才，其中最有名的，就是商鞅（即卫鞅，因战功封商、於十五邑，号商君，故称商鞅）。秦孝公命商鞅任左庶长，将推行新政的事情全权交给了他。

商鞅在改革之前，在咸阳城的南门立了一根巨大的木头，还发布了一道告示：谁能把这根木头搬到北门去，就能得赏金十两。

百姓们议论纷纷，都说这是左庶长在要我们吧。看热闹的人很多，却谁都不愿意去。

商鞅看没有人来，又把赏金提到了五十两。重赏之下，必有勇夫。这次，一个大汉站出来说："我去，就看看他是不是骗子。"他扛起那根木头，一口气走到了北门，后面跟了一大群看热闹的人。到了北门，大汉真的拿到了五十两赏金，这下，看热闹的人后悔了。

南门立木的事情在城中传得沸沸扬扬，商鞅的名气也传开了，大家都认为商鞅是一个说话算话的人。

商鞅知道时机已经成熟，就把新的法令颁布出去了。

学海/拾贝

☆ 古之人审其所以使，故物莫不为用。

☆ 氐羌之民，其虏也，不忧其系累，而忧其死不焚也。皆成乎邪也。故赏罚之所加，不可不慎。

☆ 竭泽而渔，岂不获得？而明年无鱼。焚薮而田，岂不获得？而明年无兽。

☆ 成乎诈，其成毁，其胜败。

权　勋

　　"权勋"就是权衡功用大小的意思。本篇主旨在于告诫人们做事情应全面考虑利弊，不可因小失大。文章开头即表明观点：忠和利都有大小之分，小忠小利会防害大忠大利。接着用四个事例来论证这个观点。第一个例子讲鄢陵之战中，子反的童仆出于忠爱之心，献酒给子反喝，以致子反喝醉误事而遭杀身之祸，说明小忠防害大忠。其他三个例子都是说明小利妨害大利：虞公因贪得晋国的璧和骏马，垂棘之君因贪得智伯的大钟，皆导致亡国，齐王因舍不得给士兵赏金而导致战争大败，这些留下的都是"贪于小利以失大利"的沉痛教训。

【原文】

　　利不可两，忠不可兼。不去小利，则大利不得；不去小忠，则大忠不至。故小利，大利之残①也；小忠，大忠之贼②也。圣人去小取大。

　　昔荆龚王③与晋厉公战于鄢陵，荆师败，龚王伤。临战，司马子反渴而求饮，竖④阳谷操黍酒而进之，子反叱曰："訾⑤！退！酒也。"竖阳谷对曰："非酒也。"子反曰："亟退却也！"竖阳谷又曰："非酒也。"子反受而饮之。子反之为人也，嗜酒，甘而不能绝于口，以醉。战既罢，龚王欲复战而谋，使召司马子反，子反辞以心疾。龚王驾而往视之，入幄中，闻酒臭而还，曰："今日之战，不穀亲伤，所恃者司马也，而司马又若此，是忘荆国之社稷，而不恤吾众也。不穀无与复战矣。"于是罢师去之，斩司马子反以为戮。故竖阳谷之进酒也，非以醉子反也，其心以忠也，而适足以杀之。故曰：小忠，大忠之贼也。

　　昔者晋献公使荀息假道于虞以伐虢。荀息曰："请以垂棘⑥之璧与屈产之乘⑦，以赂虞公，而求假道焉，必可得也。"献公曰："夫垂棘之璧，吾先君之宝也；屈产之乘，寡人之骏也。若受吾币而不吾假道，将奈何？"荀息曰："不然。彼若不吾假道，必不吾受也；若受我而假我道，是犹取之内府而藏之外府也，犹取之内皂而著之外皂也。君奚患焉？"献公许之。乃使荀息以屈产之乘为庭实，而加以垂棘之璧，以假道于虞而伐虢。虞公滥于宝与马而欲许之。宫之奇谏曰："不可许也。虞之与虢也，若车之有辅也，车依辅，辅亦依车。虞虢之势是也。先人有言曰：'唇竭而齿寒。'夫虢之不亡也，恃虞；虞之不亡也，亦恃虢也。若假之道，则虢朝亡而虞夕从之矣。奈何其假之道也？"虞公弗听，而假之道。荀息伐虢，克之。还反伐虞，又克之。荀息操璧牵马而报。献公喜曰："璧则犹是也，马齿⑧亦薄长矣。"故曰：小利，大利之残也。

扫码看视频

中山之国有公繇^⑨者，智伯欲攻之而无道也，为铸大钟，方车二轨以遗之。公繇之君将斩岸堙溪以迎钟。赤章蔓枝谏曰："诗云：'唯则定国。'我胡以得是于智伯？夫智伯之为人也，贪而无信，必欲攻我而无道也，故为大钟，方车二轨以遗君。君因斩岸堙溪以迎钟，师必随之。"弗听。有顷，谏之。君曰："大国为欢，而子逆之，不祥。子释之。"赤章蔓枝曰："为人臣不忠贞，罪也；忠贞不用，远身可也。"断毂^⑩而行，至卫七日而公繇亡。欲钟之心胜也。欲钟之心胜，则安公繇之说塞矣。凡听说，所胜不可不审也。故太上先胜。

昌国君将五国之兵以攻齐。齐使触子将，以迎天下之兵于济上。齐王欲战，使人赴触子，耻而訾之曰："不战，必划若类，掘若垄！"触子苦之，欲齐军之败，于是以天下兵战。战合，击金而却之。卒北，天下兵乘之。触子因以一乘去，莫知其所，不闻其声。达子又帅其余卒以军于秦周，无以赏，使人请金于齐王。齐王怒曰："若残竖子之类，恶能给若金？"与燕人战，大败。达子死，齐王走莒。燕人逐北入国，相与争金于美唐^⑪甚多。此贪于小利以失大利者也。

【注释】

① 残：害。

② 贼：害。

③ 荆龚王：楚共王。

④ 竖：童仆。

⑤ 訾：呵斥声。

⑥ 垂棘：古地名，春秋晋地，以出美玉著称。

⑦ 屈产之乘：屈地产的良马。乘，古时一车四马为一乘。

⑧马齿：指马的年龄。

⑨厹（qiú）繇：春秋时国名，在今山西阳泉市。他书又作"厹由""仇犹"等。

⑩断毂（gǔ）：由于山路狭窄，砍掉车轴两端长出来的部分以便通过。毂，车轮中心的圆木，中间有孔，用来穿轴。

⑪美唐：当是齐国储藏钱财的地方。

【译文】

利不能两得，忠不可兼备。不舍弃小利，就得不到大利；不舍弃小忠，就得不到大忠。所以，小利是大利的祸害，小忠是大忠的祸害。圣人为取大利而舍小利。

从前，楚共王和晋厉公在鄢陵交战，楚军战败，共王负伤。临战时，司马子反渴了要找水喝，童仆阳谷拿了一碗黍酒给他，子反斥责道："嘿！拿下去！这是酒。"童仆阳谷回答说："这不是酒。"子反说："赶快拿下去！"童仆阳谷又说："这不是酒。"子反就接过来喝了。子反这个人嗜酒，一喝起甘美的酒就无法停止，因此喝醉了。战斗停下来后，楚共王想重新组织战斗，准备商讨作战计划，派人去叫司马子反，司马子反推辞说自己心痛而没有去。楚共王乘车来看他，一进入军帐，闻到酒气就回去了，说："今天的战斗，我自己受了伤，现在所能依靠的就是司马了，可司马却醉成了这个样子，他这是忘记了楚国的社稷，不顾恤我的部属啊。我没法再和晋国人交战了。"于是收兵离去，将司马子反斩首，并陈尸示众。童仆阳谷给司马子反进酒，并不是存心要灌醉子反，他认为这是出于忠心，不想恰好因此害了他。所以说：小忠是大忠的祸害。

从前，晋献公派荀息去向虞国借路以攻打虢国。荀息说："请用垂棘之璧和屈地所产的良马作为礼物赠给虞公，以此要求借路，一定会得到允许。"晋献公说："垂棘之璧是先君传下来的宝贝，屈地所产的良马是我的骏马。如果他们接受了我的礼物又不借路给我，那该怎么办呢？"荀息说："不会这样的。他们如果不借路给我们，就一定不会接受我们的礼物；如果他们接受我们的礼物而借路给我们，这就像我们把垂棘之璧从内府转藏到了外府，把屈地产的良马从内厩牵出来关到了外厩。您有什么好担忧的呢？"晋献公同意了，于是派荀息把屈地出产的良马作为礼物，再加上垂棘之璧，送给虞国以借路攻打虢国。虞公贪爱宝玉和骏马，想答应荀息。宫之奇劝谏说："不可以答应呀。虞国跟虢国，就像牙床跟颊骨，牙床依赖颊骨，颊骨也依赖牙床。这正是虞国、虢国相依的形势啊。古人有句话说：'嘴唇没有了，牙齿就会感到寒冷。'虢国不灭亡，是因为有虞国做依靠；虞国不灭亡，是因为有虢国做依靠。如果我们借路给晋国，那么虢国早晨灭亡，虞国晚上也会跟着灭亡。怎么能借路给晋国呢？"虞公不听宫之奇的话，把路借给了晋军。荀息领兵攻打虢国，消灭了虢国。返回的时候又攻打虞国，消灭了虞国。荀息拿

着玉璧、牵着骏马回来向晋献公报告。献公高兴地说："玉璧还是原来的样子，只是马的年龄稍微长了一些。"所以说：小利是大利的祸害。

中山诸国中有个国家叫夵繇，智伯想要攻占它，但是苦于没有带兵进攻的道路，就铸造了一口大钟，用两辆并排的车载着大钟送给这个国家的国君。夵繇的国君就想削平山丘、填平沟壑来迎接这口大钟。赤章蔓枝上前劝阻道："古诗说：'只有遵守法度才可以安邦定国。'我们凭什么得到智伯送的大钟呢？智伯为人贪婪且不守信用，他肯定是想攻打我们的国家又没有进军的道路，所以就铸造了这口大钟，用两辆车载着来送给您。您如果真削平山丘、填平沟壑来迎接这口大钟，他们的军队一定会随之而来。"但是国君没有采纳他的意见。过了一会儿，赤章蔓枝又来劝说。国君说："大国想要和我们交好，你却拒绝他们，这样不好。你就别说了。"赤章蔓枝说："为人臣而不忠，这是罪过；忠贞而不被信任，远远离开就是了。"于是赤章蔓枝砍掉车轴的两端，乘马车离去，他到达卫国七天之后，夵繇国就被智伯灭了。夵繇国之所以被灭，是因为他们的国君太想得到大钟。想得到的心思太强烈了，那么保全国家的意见就不会被采纳。凡是听取意见，对于自己过于强烈的心思不能不谨慎地考察啊。所以，最主要的还是要克服内心的私欲。

昌国君乐毅率领五个国家的军队去攻打齐国。齐国派触子为将，在济水边迎战各诸侯的军队。齐王急着想开战，派人到触子那里去，侮辱并且斥责他说："不开战，我一定灭掉你的同族，挖掉你的祖坟！"触子为此愤懑不已，想让齐军战败，于是跟各国诸侯的军队开战。两军刚一交锋，触子就鸣金退却。齐军败逃，诸侯军队乘胜追击。触子于是坐上一辆兵车跑了，没有人知道他去了哪里，也听不到他的消息。齐军另一位将领达子又率领残余部队驻扎在秦周，没有东西可以用来赏赐士卒，就派人向齐王请求一笔赏金。齐王愤怒地说："像你们这种残兵败将，我怎么可能给赏金呢？"齐军与燕军交战，被打得大败。达子战死了，齐王逃到了莒这个地方。燕国人追赶败逃的齐兵，进入齐国国都，在美唐你争我夺，抢走了齐国很多钱财。这就是典型的贪小利而失大利啊。

　　本文主旨在于提醒人们遇事应全面衡量利弊得失，不可因小失大。从文中所举的几个例子看，这些人之所以犯因小失大的错误，有的是因为无原则的忠爱，有的是因为利令智昏，有的是因为愤怒而失去理智。这些事例都是从反面论证，具有历史警戒和教育意义，读来发人深省。

延伸/阅读

举足轻重

　　窦融是东汉名将，他从小就有治国平天下的大志。王莽摄政时期，他被任用为强弩将军的司马，后来在战争中立了军功，被封为建武男。

　　王莽失败后，窦融转而投奔更始大司马赵萌。窦融见更始帝新立为帝，东方还很混乱，故不想出关另辟新地。因为窦融在河西生活了很多年，知道那里的地理位置、风土人情等情况，认为那里更有利于建立自己的军队，于是就把自己的想法告诉了赵萌。赵萌向更始帝说明了窦融的情况，朝廷便任命窦融为张掖属国都尉。

　　窦融上任后，结交豪杰，怀柔羌人，得到百姓的拥护和爱戴。后来，更始帝败亡，窦融召集梁统等人说："现在天下很乱，这时候还不知道天下归谁统领。河西处于少数民族的争斗之中，如果大家不齐心协力来守卫就很可能失守。权衡一下力量对比，我们应该推举一人做我们的首领，带领大家坚守阵地，根据情况来制定策略。"大家都同意他的看法，一致推举他做首领。

公元 25 年，汉光武帝刘秀称帝，建立了东汉政权，但全国尚未统一。当时，蜀地的公孙述虎视眈眈，也想争夺天下，天水的隗嚣将军亦怀有异心。拥有河西五郡的大将军窦融看到刘秀在政治、军事上占优势，有意顺服，便召集各郡太守和本地名流商讨，决定派长史刘钧向光武帝上书并献上马匹。刘秀大喜，隆重接待了刘钧，并赐给窦融玺书说："蜀地有公孙述，天水有隗将军，现蜀汉相攻，你的地位极为重要，一抬脚就会影响两端的轻重，无论你站在哪一方，都可以决定一方的成败。"窦融深知刘秀的心意，十分忠心地跟随着刘秀。刘秀得到窦融的支持，实力大增，最后终于消灭了公孙述和其他政敌，统一了天下。

学海/拾贝

☆ 利不可两，忠不可兼。不去小利，则大利不得；不去小忠，则大忠不至。

☆ 为人臣不忠贞，罪也；忠贞不用，远身可也。

☆ 凡听说，所胜不可不审也。故太上先胜。

报　更

　　报更，即酬报、偿还。本篇论述了统治者只要礼贤下士就一定能获得丰厚回报的道理，强调了统治者与贤者为伍的重要性。作者认为，礼贤下士是统治者得以建功立业、安国免身的必由之路。文章通过赵盾救助眯桑之饿人而转危为安、周昭文君礼遇张仪而得以显荣、孟尝君礼遇淳于髡而保全封邑等几个故事，生动地阐述了礼贤下士的重要性，给人留下深刻印象。

【原文】

　　国虽小，其食足以食①天下之贤者，其车足以乘天下之贤者，其财足以礼天下之贤者。与天下之贤者为徒，此文王之所以王也。

　　今虽未能王，其以为安也，不亦易乎？此赵宣孟②之所以免也，周昭文君之所以显也，孟尝君之所以却荆兵也。古之大立功名与安国免身者，其道无他，其必此之由也。堪士③不可以骄恣屈也。

　　昔赵宣孟将上之绛，见眯桑④之下，有饿人卧不能起者，宣孟止车，为之下食，蠲⑤而餔之，再咽而后能视。宣孟问之曰："女何为而饿若是？"对曰："臣宦于绛，归而粮绝，羞行乞而憎自取，故至于此。"宣孟与脯一朐⑥，拜受而弗敢食也。问其故，对曰："臣有老母，将以遗之。"宣孟曰："斯食之，吾更与女。"乃复赐之脯二束，与钱百，而遂去之。处二年，晋灵公欲杀宣孟，伏士于房中以待之。因发酒于宣孟，宣孟知之，中饮而出。灵公令房中之士疾追而杀之。一人追疾，先及孟宣，之面曰："嘻，君釐⑦！吾请为君反死。"宣孟曰："而名为谁？"反走对曰："何以名为？臣骫桑下之饿人也。"还斗而死。宣孟遂活。此《书》之所谓"德几无小"者也。宣孟德一士，犹活其身，而况德万人乎？故《诗》曰："赳赳武夫，公侯干城。""济济多士，文王以宁。"人主胡可以不务哀士？士其难知，唯博之为可，博则无所遁⑧矣。

张仪，魏氏余子也。将西游于秦，过东周。客有语之于昭文君者，曰："魏氏人张仪，材士也，将西游于秦，愿君之礼貌⑨之也。"昭文君见而谓之曰："闻客之秦，寡人之国小，不足以留客。虽游，然岂必遇哉？客或不遇，请为寡人而一归也。国虽小，请与客共之。"张仪还走，北面再拜。张仪行，昭文君送而资之。至于秦，留有间，惠王说而相之。张仪所德于天下者，无若昭文君。周，千乘也，重过万乘也。令秦惠王师之。逢泽之会，魏王尝为御，韩王为右⑩。名号至今不忘，此张仪之力也。

孟尝君前在于薛，荆人攻之。淳于髡为齐使于荆，还反，过于薛，孟尝君令人礼貌而亲郊送之，谓淳于髡曰："荆人攻薛，夫子弗为忧，文无以复待⑪矣。"淳于髡曰："敬闻命矣。"至于齐，毕报，王曰："何见于荆？"对曰："荆甚固，而薛亦不量其力。"王曰："何谓也？"对曰："薛不量其力，而为先王立清庙。荆固而攻薛，薛清庙必危。故曰薛不量其力，而荆亦甚固。"齐王知颜色，曰："嘻！先君之庙在焉！"疾举兵救之，由是薛遂全。

颠蹶⑫之请，坐拜之谒，虽得则薄矣。故善说者，陈其势，言其方，见人之急也，若自在危厄之中，岂用强力哉？强力则鄙矣。说之不听也，任不独在所说，亦在说者。

【注释】

①食：让……吃。

②赵宣孟：指赵盾，春秋时晋国大臣。

③堪士：高士，贤能之士。

④骫（wěi）桑：弯曲的桑树。骫，迂回屈曲貌。

⑤蠲：清洁。

⑥朐（qú）：屈曲的干肉。

⑦轝（yú）：车，这里用作动词，乘车。

⑧遁：失。

⑨礼貌：以礼对待。

⑩为右：做车右。古代兵车为防倾侧或受阻特设力士，其位置在驾车者之右，故称"右"。

⑪待：一说作"侍"，意为侍奉。

⑫颠蹶：倒仆。

【译文】

国家即使小，它生产出来的粮食也足以供养天下的贤士，它的车辆也足以承载天下的贤士，它的财富也足以礼遇天下的贤士。和天下的贤士为伍，是文王能够成就王业的原因。

即使现在暂时不能称王，但以此来使自身获得安全，不也很容易吗？这就是赵盾免遭杀害、周昭文君得以显荣、孟尝君能够使楚军退却的原因。古代能够建立大功名、使国家安定、免除自身灾祸的人，没有其他途径，一定是通过礼贤下士来达成。对待高士，不能用傲慢的态度让他们屈从。

从前，赵盾要去绛邑，路上看见一棵弯曲的桑树下有一个饿坏了躺在地上起不来的人，便停下车，让人准备食物，把食物弄干净后喂给他。那人咽了两口，才慢慢睁开眼睛。赵盾问他："你为什么饿成这个样子？"他回答说："我在绛邑做仆隶，回家的路上断了粮，因羞于向人乞讨，又不愿擅自去拿别人的食物，所以饿成这个样子。"赵盾送给他一块干肉，那人拜了拜，接受了干肉，却不肯吃。赵盾问他原因，他回答说："我家中有老母亲，我想把这些肉留给她吃。"赵盾说："你把这些肉吃了，我另外再给你一些。"于是又赠给他两束干肉和一百枚钱，然后就离开了。过了两年，晋灵公要杀赵盾，在房中埋伏了兵士等待赵盾的到来。他把赵盾请来饮酒，赵盾看出酒宴中潜伏着杀机，酒喝到一半就起身离开。晋灵公于是命令房中的伏兵立即去追杀赵盾。有一个人跑得很快，最先追上赵盾，他面对赵盾说："喂，您快上车逃走！我愿为您回去死战。"赵盾问："你叫什么名字？"那人边退边说："何必打听我的名字？我就是骫桑下饿倒的那个人。"他转身回去抵挡追杀赵盾的士兵，搏斗而死。赵盾于是得以活命。这就是《尚书》上所说的"恩德再微也不算小"。赵盾对一个普通人施恩德，尚且能使自己活命，更何况对万人施恩德呢？所以《诗经》上说："雄赳赳的武士，是捍卫公侯的屏障。""人才济济，文王因此得以安宁。"作为一位人主，怎么可以不致力于爱怜贤士呢？贤士是很难知晓的，只有广泛寻求才可能得到，广泛寻求才能不失掉贤士。

张仪是魏国大夫的庶子。他要向西到秦国去游说，路过东周。有一个门客告诉周昭文君说："魏国人张仪，是个有才干的士人，他将要向西到秦国去游说，希望君王对他以礼相待。"周昭文君接见了张仪，对他说："听说您要到秦国去，我的国家小，不足以留住您。但您西去游说，难道就一定能为秦王所赏识吗？您要是得不到赏识，请看在我的面上回到这里来。我的国家虽然小，但我愿与您共同治理。"张仪一再退让，面向北连拜了两拜。张仪走时，周昭文君又去送行，并资助他旅费。张仪到了秦国，在那儿待了一段时间，秦惠王很喜欢他，任命他为相国。张仪对周昭文君的感恩胜过对天下任何人的感恩。东周是个只拥有千辆兵车的小国，但是张仪尊重它超过拥有万辆兵车的大国。他让秦惠王以周昭文君为师。逢泽盟会诸侯的时候，魏王曾给周昭文君驾车，韩王给周昭文君做车右。周昭文君的名号至今没有被人忘记，这都是借了张仪的力量啊。

孟尝君在薛地的时候，受到楚军的攻打。淳于髡被齐王派去出使楚国，返回的时候经过薛地，孟尝君命令手下人对淳于髡以礼相待，并且亲自到郊外去为他送行，对他说："楚军在攻打薛地，如果您不为我分忧，我以后就没法再侍奉您了。"淳于髡说："谨遵君命。"淳于髡回到齐国，向齐王禀告出使的情况，齐王问："你怎么看楚国？"淳于髡说："楚国太贪心了，而薛地也太不量力而行了。"齐王说："这话怎么讲？"淳于髡说："薛地不自量力，为先王建立宗庙。楚国贪而攻薛，现在薛地的宗庙肯定有危险。因此说，薛地是不自量力，而楚国是贪婪的。"齐王听完后脸色大变，说："啊！先王的宗庙还在薛地呢！"于是赶忙派兵援救薛地，这样薛地才得以幸存。

趴在地上乞求，跪拜着请求，即使有所得也是很有限的。因此，善于劝说的人，陈述形势，讲述主张，使人看到别人危急就如同自己身处其中一样，

这样一来，哪里用得着极力劝说？极力劝说就显得鄙陋了。劝说不被采纳，不仅被劝说的人有责任，劝说者自己也是有责任的。

名师点评

  本篇列举了赵盾挽救桑树下的饿人、周昭文君赏识张仪、孟尝君礼遇淳于髡等例子来说明礼贤下士的重要性，旨在劝告统治者应利用一切机会和条件结交天下贤士。一个人的力量总是有限的，而众人的力量是无限的。我们也要学会广交朋友，特别是要与那些优秀的人为友，借人之智之德，成就更好的自己。

延伸/阅读

韩信报恩

汉高祖刘邦身边有一员大将军名叫韩信。他父母早逝，家贫无依，常常去别人家蹭饭吃。

因生活拮据，韩信经常到河边去钓鱼，用鱼来充饥。有一天，韩信碰到一个老婆婆。老婆婆见他饿得骨瘦如柴，面无血色，便把自己的饭分一些给他吃。一连几十天，这位老婆婆每天都给韩信带饭吃，韩信十分感激，对老婆婆说："您这样照顾我，将来我一定要好好报答您。"老婆婆生气地说："身为大丈夫却不能养活自己，我是可怜你这位公子才给你饭吃，哪里是希望你报答呢？"

韩信满脸羞愧。从此，他认真读兵书，练习武艺，决心做个有用的人。

后来，韩信投奔到汉王刘邦门下，受到重用，拜为大将，并被授予调兵遣将、行军布阵的大权。

韩信认真训练兵马，率领汉军东征西讨，终于打败了最强大的对手项羽，协助刘邦建立了汉朝。

韩信被封为楚王，回到了故乡，派人去找当年给自己带饭吃的老婆婆。韩信见了老婆婆，向她再三道谢，并送给她千两黄金。

古人说："受人滴水之恩，当以涌泉相报。"韩信报恩就是典型的例子。不过，得到别人的恩惠，感恩戴德还不是最难做到的，最难以做到的是，别人曾得罪过我们，我们有能力进行报复的时候，却选择以德报怨。正是因为难以做到，所以这种品行愈显难能可贵。

学海/拾贝

☆ 堪士不可以骄恣屈也。

☆ 士其难知，唯博之为可，博则无所遁矣。

☆ 故善说者，陈其势，言其方，见人之急也，若自在危厄之中，岂用强力哉？强力则鄙矣。说之不听也，任不独在所说，亦在说者。

观　世

　　本篇论述当权者必须礼贤、知贤，使他们充分发挥聪明才智，才能治理好国家的道理。文章前半部分主要从理论上来阐释这一点，后半部分则用两个具体的事例来说明。晏子用自己车驾左边的马为身处奴隶地位的越石父赎身，又谦卑地请求与他交往，是能够真正礼贤、知贤的当权者的典范；列子看出郑子阳并非能真正地礼贤、知贤，宁愿挨饿也不接受其派人赠送的粮食，颇有远见，可以说是真正值得礼待的贤士的典范。

【原文】

　　天下虽有有道之士，国犹少。千里而有一士，比肩也；累世而有一圣人，继踵也。士与圣人之所自来，若此其难也，而治必待之，治奚由至？虽幸而有，未必知也，不知则与无贤同。此治世之所以短，而乱世之所以长也。故王者不四①，霸者不六②，亡国相望，囚主相及。

得士则无此之患。此周之所封四百余，服国八百余，今无存者矣。虽存，皆尝亡矣。贤主知其若此也，故日慎一日，以终其世。譬之若登山，登山者，处已高矣，左右视，尚巍巍焉③山在其上。贤者之所与处，有似于此。身已贤矣，行已高矣，左右视，尚尽贤于己。故周公旦曰："不如吾者，吾不与处，累我者也；与我齐者，吾不与处，无益我者也。"惟贤者必与贤于己者处。贤者之可得与处也，礼之也。

主贤世治，则贤者在上；主不肖世乱，则贤者在下。今周室既灭，天子既废，乱莫大于无天子。无天子则强者胜弱，众者暴寡，以兵相划④，不得休息。而佞进。今之世当之矣。故欲求有道之士，则于江河之上，山谷之中，僻远幽闲之所，若此则幸于得之矣。太公钓于滋泉，遭纣之世也，故文王得之。文王，千乘也；纣，天子也。天子失之，而千乘得之，知之与不知也。诸众齐民，不待知而使，不待礼而令。若夫有道之士，必礼必知，然后其智能可尽也。

晏子之晋，见反裘⑤负刍息于涂者，以为君子也，使人问焉，曰："曷为而至此？"对曰："齐人累之，名为越石父。"晏子曰："嘻！"遽解左骖以赎之，载而与归。至舍，弗辞而入。越石父怒，请绝。晏子使人应之曰："婴未尝得交也，今免子于患，吾于子犹未邪？"越石父曰："吾闻君子屈乎不己知者，而伸乎己知者。吾是以请绝也。"晏子乃出见之，曰："向也见客之容而已，今也见客之志。婴闻察实者不留声，观行者不讥⑥辞，婴可以辞而无弃乎？"越石父曰："夫子礼之，敢不敬从。"晏子遂以为客。俗人有功则德，德则骄。今晏子功免人于厄矣⑦，而反屈下之，其去俗亦远矣。此令^⑧功之道也。

子列子穷，容貌有饥色。客有言之于郑子阳者，曰："列御寇，盖有道之士也，居君之国而穷，君无乃为不好士乎？"郑子阳令官遗之粟数十秉^⑨。子列子出见使者，再拜而辞。使者去，子列子入，其妻望^⑩而拊心^⑪曰："闻为有道者妻子，皆得逸乐。今妻子有饥色矣，君过而遗先生食，先生又弗受也。岂非命也哉？"子列子笑而谓之曰："君非自知我也，以人之言而遗我粟也，至己而罪我也，有罪且以人言。此吾所以不受也。"其卒民果作难，杀子阳。受人之养而不死其难，则不义；死其难，则死无道也。死无道，逆也。子列子除不义、去逆也，岂不远哉？且方有饥寒之患矣，而犹不苟取，先见其化也。先见其化而已动，远^⑫乎性命之情也。

【注释】

①王者不四：能称得上王的人没出现第四个，这里是就"三王"而言。

②霸者不六：能称霸天下的人没出现第六个，这里是就"五霸"而言。

③巍巍焉：高峻的样子。

④刬（chǎn）：铲除，消灭。

⑤反裘：反穿皮衣。

⑥讥：考察，查问。

⑦今晏子功免人于厄矣：一说作"今晏子有功，免人于厄矣"。

⑧令：一说作"全"，意为保全。

⑨秉：古代计量单位，十六斛为一秉。

⑩望：埋怨。

⑪拊心：手拍胸膛，表示气愤。

⑫远：毕沅认为可能是"达"字之误。

【译文】

天下即使有有道之士，在一国里也很少。方圆千里出现一个贤士，就可以称作肩并着肩了；几代出了一个圣人，就可以称作脚挨着脚了。贤士和圣人的出现如此困难，但是治理天下却必须依靠他们，那么，国家安定的局面怎么能出现呢？就算侥幸出现一两个贤士，国君也未必知道；有贤士却不为人所知，那跟没有贤士没什么区别。这就是治世短而乱世长的原因啊。所以自古能称得上王的人没出现第四个，能称霸天下的人没出现第六个，而灭亡的国家一个接一个，被囚禁的君主一个挨一个。

得到贤士就没有这种祸患了。这就是周代的四百多个封国、八百多个归服国现在没有留存下来的原因。即使有留存下来的，也都曾经灭亡过。贤明的君主知道这个道理，所以一天比一天谨慎，这样终其一生。这就好比登山，登山的人已经登得很高了，向左右看看却发现山上面还有更高峻的山。贤人与人相处，情况与此类似。他自身已经很贤明了，品行已经很高尚了，向左右看看，却发现还有许多比他贤明的人。所以周公旦说："不如我的人，我不和他相处，因为他会拖累我；和我相当的人，我不和他相处，因为他对我没有帮助。"因而只有贤人才一定要和比自己贤明的人相处。能够得到贤能之士并且与他同处，关键在于礼遇贤士。

君主贤明，世道清明，那么贤能之士就会居高位；君主昏庸不肖，世道混乱，那么贤能之士就会居下位。现在周已经灭亡，天子已经被废黜，世道混乱没有比无天子更严重的了。没有天子，强者就会欺凌弱者，势众的就会欺负势单的，兵戎相见，相互残杀，无息无止。这时候，奸臣小人就会趁机得势。现在的世道就是这个样子。所以，要想寻求有道之士，就要到江河之上、山谷之中、偏远悠闲的地方去，这样或许才能有幸得到他们。姜太公在滋泉钓鱼，当时正值商纣之乱世，所以文王能够得到他。文王当时只是一国诸侯，而纣却贵为天子。天子失去了贤人，诸侯却得到了，这是因为天子不了解贤人，而诸侯了解贤人。对于平民百姓，不需要了解就可以驱使，不需要礼遇就可以命令。但是对于那些有道之士，一定要礼遇，一定要了解，这样他们才会发挥出自己全部的才智和能力。

晏子出使晋国，在路上看见一个反穿着裘衣、背着草料的人在休息，晏子觉得这是个有道之士，就叫人去问他："你怎么到了这个地步？"那人回答说："我给齐国人做奴仆，名叫越石父。"晏子说："噢！"然后立刻解下车驾左边的马来赎下他，并且让他坐车和自己一起回去。回到馆舍，晏子没向越石父告辞就自己进去了。越石父很生气，请求与晏子绝交。晏子派人对他说："我还没有和你结交啊。现在我从患难中把你解救出来，这对你还不够好吗？"越石父说："我听说君子在不了解自己的人面前可以忍受屈辱，在了解自己的人面前则要挺胸做人，所以我才要和您绝交。"晏子听了之后，就出来会见越石父，说："先前我不过是看到了您的容貌而已，现在我知道您的志向了。我听说考察实情的不看重人的名声，观察行为的不查问人的言辞，我可以向您谢罪而不被离弃吗？"越石父说："您这样礼遇我，我怎么敢不恭敬从命呢？"于是晏子把越石父待为宾客。世俗之人对人有了功劳，就以为有了恩德，以为有了恩德就待人傲慢。现在晏子有解救他人于困境的功劳，反而谦卑地对待被救之人，这和一般世俗的做法差别很大。这就是保全功德的方法啊。

列子很贫穷，常常面有饥色。有人把这种情况告诉了郑国相国子阳，说："列御寇（列子）是个有道之士，他现在居住在您的国家却如此穷困，您恐怕是不喜好贤士吧？"子阳就命令官吏送给列子数十秉粮食。列子出来会见使者，拜了两拜，谢绝了。使者离开了，列子回到屋里，他的妻子埋怨地捶着胸脯说："我听说有道之士的妻子儿女都能过得舒舒服服。现在你的妻子儿女面露饥色，相国（指郑子阳）派人来探望你，给你送来了粮食，你又不接受。难道我们全家注定要忍受饥饿吗？"列子笑着对她说："他并不了解我，而是因为听了别人的话才送给我粮食，那么也会因为别人的话加罪于我。这就是我不接受的原因啊。"后来，郑国百姓果然发难，杀死了郑子阳。接受了别人的供养，却不为他遭难而死，这是不义；为他遭难而死，就是为没有道义之人而死。为无道之人去死，这是悖逆。列子不接受郑子阳的粮食，避免了不义，去掉了悖逆，这难道不是很有远见吗？当他有饥寒之患的时候，仍旧不随便接受别人的馈赠，这正是因为有先见之明。能够事先体察世事的变化，从而预先做好相应的准备，这就是通晓人生的真谛了。

点师名评

　　本文认为天下有道之士稀少，而国家的安定却需要仰仗他们的聪明才智，所以当权者必须努力发现他们，礼遇他们，了解他们。这当然是在为古代的帝王将相出谋划策，但文中所写的当权者对待有道之士的谦逊、尊敬、礼貌的态度和有道之士思维的远见性值得我们学习。

延伸/阅读

羊皮换相

　　秦国起初只是一个不起眼的小国，可秦穆公是个很有抱负的人，他明白秦国土地贫瘠，国力薄弱，且地处偏远，在诸侯国之中没有什么优势。想让秦国强大起来，就要吸纳各国优秀的人才，让他们为秦国出谋划策。这个吸纳人才的理念，秦国执行了一百多年，为日后秦国的强大打下了深厚的基础。第一个执行这个理念的秦穆公，也在历史上留下了一桩美谈。

公元前655年，晋国灭掉了虞国。晋献公听说虞国有个叫百里奚的人，很有才能，就想让他为晋国做事，可百里奚不肯答应。晋献公恼羞成怒，就把他作为女儿陪嫁的奴仆，送到秦国去了。

送亲的队伍走到一半，百里奚找机会逃了出去。他逃到楚国边境的时候，被楚国人当作奸细抓了起来，罚做放马的奴隶。

秦穆公接到新娘后，查看陪嫁的清单，发现少了一个百里奚，可他并没有在意，觉得只是一个奴隶而已。大臣公孙枝急忙说："大王，百里奚是个非常有能力的人，既有计谋又忠君。他只是不愿意在晋国当官才会被贬为奴隶。如果大王能够得到他，一定能如虎添翼。"

秦穆公正想尽办法搜罗天下人才，而且他不喜欢全部重用本国贵族，担心他们权大势大，又把家族利益放在国家利益之上，彼此勾结在一起，会反过来牵制国君，反之，外来的人才，关系单纯，正可专心为国家办事。

他曾让一个叫九方皋的人为他找千里马。九方皋第一次找来的，是一匹黑色的公马，他却说那是一匹黄色的母马。秦穆公见他连马的颜色和雌雄都分不清，不相信他真的会相马，推荐他的伯乐却说，九方皋是太关心马内在的灵性和品质，忘了看马的相貌。秦穆公一试，发现那果然是匹好马，不禁对九方皋的相马术十分叹服。从那以后，秦穆公对寻找人才就更感兴趣了。

现在听到公孙枝的推荐，秦穆公起了好奇心，派人四处寻访，终于找到了百里奚的下落。他派使者带着厚礼去见楚成王，好赎回百里奚。

公孙枝阻止道："楚王是因为不知道百里奚有才能才派他去养马的，你带着重礼，楚王一定会怀疑我们的目的，到时候就不能顺利赎回百里奚了。"

秦穆公一听，觉得有道理，就派人只带着五张羊皮去换百里奚。

到了楚国，秦国使者说百里奚是秦国奴隶，知道他偷跑出来，特地把他带回去治罪，好树立国君的威严。楚成王很痛快地把百里奚交给了秦国。

公孙枝在秦国边境迎接百里奚，第二天，就带他去见秦穆公。

秦穆公一看，百里奚不过是个七十来岁的糟老头子，失望地叹了一口气："可惜太老了。"百里奚从容地说："如果让我上阵杀敌，我自然是老了。可如果让我出谋划策，我比当年辅佐周武王灭商的吕尚还年轻十岁呢。"秦穆公一听，来了兴趣，便请他坐下来谈论国事。这一谈就是几天，越谈越投机，秦穆公就要拜百里奚为相。

百里奚又推举了自己早年结识的贤士蹇（jiǎn）叔，最后，秦穆公拜百里奚为左庶长，世称"五羖（gǔ）大夫"，蹇叔为右庶长，共同辅佐秦国。百里奚还推荐了蹇叔的两个儿子——西乞术和白乙丙任职，他自己的儿子后来也成为秦国的将军。

秦穆公时期，原本居于中原边缘的秦国逐渐强大起来，成为诸侯中举足轻重的一方势力，而秦穆公的功绩，就是以任用百里奚为开端。

学海/拾贝

☆ 惟贤者必与贤于己者处。贤者之可得与处也，礼之也。
☆ 察实者不留声，观行者不讥辞。
☆ 俗人有功则德，德则骄。今晏子功免人于厄矣，而反屈下之，其去俗亦远矣。
☆ 先见其化而已动，远乎性命之情也。

知　接

名师导读

　　本篇以"知接"为题，指智力的接触范围、智力所能达到的限度。文章认为，人与人之间智力存在差异，智者可以预见很远的未来的事情，愚者则只能看到眼下近处，因此愚者很难领会智者的正确意见。这是本文首段的意思。需要注意的是，这里的愚者并非指智力水平非常低下的人，而是指与智者相比智力有所不及的人。所以在文章接下来的部分，这个愚者的角色就具体落实为智力不及智者的君主，而以春秋五霸之一的齐桓公为代表。齐桓公智力不及管仲，因而不能领会管仲建议的正确性，自以为是，继续宠用身边的小人，最终死于群小之手。作者详细讲述这一悲剧，用以告诫君主：如果认识不到个人的智力有限，"自以为智"，就会招致重大灾祸。

【原文】

　　人之目以照①见之也，以瞑②则与不见，同。其所以为照、所以为瞑异。瞑士未尝照，故未尝见。瞑者目无由接③也，无由接而言见，谎。智亦然。其所以接智、所以接不智同，其所能接、所不能接异。智者其所能接远也，愚者其所能接近也。所能接近而告之以远化，奚由相得？无由

扫码看视频

相得，说者虽工，不能喻矣。

戎人见暴布者而问之曰："何以为之莽莽④也？"指麻而示之。怒曰："孰之壤壤⑤也，可以为之莽莽也！"故亡国非无智士也，非无贤者也，其主无由接故也。无由接之患，自以为智，智必不接。今不接而自以为智，悖。若此则国无以存矣，主无以安矣。智无以接，而自知弗智，则不闻亡国，不闻危君。

管仲有疾，桓公往问之，曰："仲父之疾病矣，将何以教寡人？"管仲曰："齐鄙人有谚曰：'居者无载，行者无埋。'今臣将有远行⑥，胡可以问？"桓公曰："愿仲父之无让也。"管仲对曰："愿君之远易牙、竖刁、常之巫、卫公子启方。"公曰："易牙烹其子以慊⑦寡人，犹尚可疑邪？"管仲对曰："人之情，非不爱其子也，其子之忍，又将何有于君？"公又曰："竖刁自宫以近寡人，犹尚可疑邪？"管仲对曰："人之情，非不爱其身也，其身之忍，又将何有于君？"公又曰："常之巫审于死生，能去苛病，犹尚可疑邪？"管仲对曰："死生，命也。苛病，失⑧也。君不任其命、守其本，而恃常之巫，彼将以此无不为也。"公又曰："卫公子启方事寡人十五年矣，其父死而不敢归哭，犹尚可疑邪？"管仲对曰："人之情，非不爱其父也，其父之忍，又将何有于君？"公曰："诺。"管仲死，尽逐之。食不甘，宫不治，苛病起，朝不肃。居三年，公曰："仲父不亦过乎！孰谓仲父尽之乎！"于是皆复召而反。

明年，公有病，常之巫从中出曰："公将以某日薨。"易牙、竖刁、常之巫相与作乱，塞宫门，筑高墙，不通人，矫⑨以公令。有一妇人逾垣入，至公所。公曰："我欲食。"妇人曰："吾无所得。"公又曰："我欲饮。"妇人曰："吾无所得。"公曰："何故？"对曰：

"常之巫从中出曰：'公将以某日薨。'易牙、竖刁、常之巫相与作乱，塞宫门，筑高墙，不通人，故无所得。卫公子启方以书社⑩四十下卫。"公慨焉叹，涕出曰："嗟乎！圣人之所见，岂不远哉！若死者有知，我将何面目以见仲父乎？"蒙衣袂而绝乎寿宫。虫流出于户，上盖以杨门之扇，三月不葬。此不卒听管仲之言也。桓公非轻难而恶管子也，无由接见也。无由接，固⑪却其忠言，而爱其所尊贵也。

【注释】

①照：明亮，这里指睁着眼睛。

②暝：闭着眼睛。

③接：接触。

④莽莽：又长又大的样子。

⑤壤壤：纷乱的样子。

⑥远行：这里是对死亡的委婉表达。

⑦慊：满足。

⑧失：指精神失守。

⑨矫：假托。

⑩书社：古代以二十五家为一社，把社内人名登记在册叫作书社。借指一定数量的土地和附着于土地的人口。

⑪固：通"故"，所以。

【译文】

　　人的眼睛睁着才能看到东西，闭着就看不到东西，无论看见还是看不见，眼睛是一样的。但接触外物时，睁眼和闭眼则是不同的。闭着眼睛而不曾睁开，所以从来没有看见过东西。闭着眼睛时，目光不能与外界接触，没办法与外界接触还说能看见东西，就是在骗人。智力也是这样。人的智力达到或达不到，用以思考的大脑这一器官是一样的，但接触外界时，所表现出的聪明或笨拙却不一样。聪明之人的智力所及很远，笨拙之人的智力所及很近。智力所及很近的人，即使把很久以后的事情告诉他，他又怎么理解得了呢？他不能够理解，就算游说的人口才出众，也无法让他明白其中的道理。

有个戎人见到一个晒布的人，就问他说："这样又大又长的东西是用什么做成的？"晒布的人指着麻丝让戎人看。这个戎人发怒道："不可能用这么乱的东西，织出这么大的布！"国家之所以灭亡不是因为缺乏有智慧的人，也不是因为没有贤达的人，是因为该国的君主智力有限，无法接触他们。无法接触智士和贤者，所带来的祸患是自作聪明，这样智力必然达不到。智力有限还自作聪明，这就太荒谬了。如果这样下去，国家必定会灭亡，君主也没有安宁的日子过了。但智力有限，又自知智力不及，就不会使国家灭亡，也不会使君主陷于险境了。

管仲病危，桓公来探望他，说："仲父的病已经很严重了，有什么要教导寡人的吗？"管仲道："齐国的乡下人中流传着这样一句话：'不出门的人没有必要准备车上装载的东西，出门的人不用准备需要埋藏的宝贝。'我是一个快去世的人了，您还来问我做什么？"桓公道："希望仲父不要谦让啊。"管仲答道："我希望君主能够远离易牙、竖习、

常之巫、卫公子启方。"桓公道："易牙把自己的儿子煮了，以满足寡人的口味，他还值得怀疑吗？"管仲答道："爱自己的子女是人的本性，易牙能狠心煮自己的儿子，对您又能带来什么好处呢？"桓公又道："竖刁为了在我身边侍奉我，忍痛把自己阉割了，他还值得怀疑吗？"管仲答道："爱自己的身体是人的本性，他能狠心对自己的身体下手，对您又有什么爱心呢？"桓公又道："常之巫能明察人的生死、驱除妖魔鬼怪降给人的疾病，他还值得怀疑吗？"管仲答道："人的生死是命中注定的，所谓鬼降疾病给人，实际上是人的精神失守所致。您不听凭天命抓住最根本的东西，却依靠常之巫，他将会仗着您的威风而无法无天。"桓公又道："卫公子启方侍奉我十五年了，他的父亲过世了他都没有回去奔丧，他还值得怀疑吗？"管仲答道："爱自己的父亲是人的本性，他这样无情地对待自己的亲生父亲，对您又有什么爱心呢？"桓公说道："好吧。"管仲去世后，易牙等人都被桓公尽数驱逐。此后桓公吃饭不香，后宫不太平，鬼病四起，朝政混乱。这样过了三年，桓公道："管仲言过其实了吧！谁说仲父的话全部可信呢！"就这样桓公又把易牙等人召进宫来。

第二年，桓公得了病，常之巫从宫中出来说："陛下将在某天去世。"易牙、竖刁、常之巫合起来作乱，封锁宫门，还建起高墙，不让任何人进出，并假托是桓公的旨意。有一位妇人翻墙进入宫中，到了桓公居所。桓公道："我想吃饭。"妇人道："我无法给陛下弄到饭菜。"桓公又道："我想喝水。"妇人道："我也无法给陛下弄到水。"桓公问道："这是为什么？"妇人答道："常之巫出宫后说：'陛下将在某天过世。'易牙、竖刁、常之巫合起来作乱，他们封锁宫门，还建起了高墙，不让任何人进出，没有人能够进宫来送饭菜和水。卫公子启方给卫国奉送四十社的人家而投靠了卫国。"桓公感慨流泪道："唉！圣人的预见不是很远大吗？假若死者有知，我有何脸面见仲父呢？"于是把衣袖遮在自己的脸上，就这样死在了寿宫。后来尸虫爬出门外，尸体上盖着杨门的门扇，死亡三个月都没有得到殓葬。这就是桓公当初不听管仲之言的恶果。桓公不是轻视祸难而厌恶管仲，而是他的智力有限，不能理解管仲的忠言。正因为智力有限，因此没有遵循管仲的忠言，而一味地亲近那些他宠信的小人。

名师点评

本篇意在劝告君主高度重视智者的意见，不可"自以为智"，这样才能避免国亡身危。其实即使是智者也不可能无所不知，我们每个人的智力都是有限的，只有广泛地向他人学习，取长补短，才能不断进步，走向成功。

延伸/阅读

门庭若市

战国时，齐国有一位名叫邹忌的大夫，长得英俊潇洒。他听说城北徐公是难得一见的美男子，便想与其一较高低。有一天早上，他对着镜子端详一番，然后问他的妻子说："我和城北徐公比较起来，谁长得更英俊呢？"

"当然是您了，徐公怎么比得上您呢？"妻子说。

邹忌听了妻子的话，并不太相信自己真的比徐公英俊，于是又问他的爱妾，爱妾回答说："您英俊极了，徐公怎能比得上您呢？"

第二天，邹忌家中来了一位客人，邹忌又问了客人，客人说："徐公哪有您俊美呀！"

几天后，正巧徐公到邹忌家来拜访，邹忌趁机仔细地打量徐公，结果，他发现自己实在没有徐公英俊。于是，他受到了启发，求见齐威王，对他叙述了事情的经过，并对齐威王说："我的妻子说我英俊，是因为偏爱我；爱妾说我英俊，是因为惧怕我；客人说我英俊，是因为有求于我，其实我深知自己没有徐公英俊。现在齐国方圆千里，城池众多，大王受人奉承之多可想而知，所受的蒙蔽也一定更多。所以大王如能开诚布公地征求批评意见，一定对国家大有益处。"

齐威王听了，觉得有理，于是下令：所有大臣、小官、百姓，能够对国君的过失提出意见的，将会得到奖赏。命令下达后，群臣都前去谏言，此时的宫门口，人员往来川流不息，每天都如集市般热闹。

学海 / 拾贝

☆ 智者其所能接远也，愚者其所能接近也。

☆ 故亡国非无智士也，非无贤者也，其主无由接故也。无由接之患，自以为智，智必不接。

☆ 死生，命也。苛病，失也。君不任其命、守其本，而恃常之巫，彼将以此无不为也。

审应览

审 应

名师导读

　　本篇主旨在于劝诫君主要审慎应对各种言论。文章一开头就为此提出两个要点：一是"言不欲先"，即不轻易率先发表自己的观点；二是认真考察他人言论是否符合实际，使游说者"不敢妄言"。然后举六个例子对这两点进行阐述。前三个例子阐述的是第二点：鲁君指出孔思言论不合实际，使孔思"不敢妄言"；魏惠王应对公子食我和魏昭王应对田诎都是未能认真考察对方言论的不合理之处，因而使二人敢于"妄言"。后三个例子讲"言不欲先"的道理：赵惠王质疑"兵不可偃"，卫嗣君认为百姓反对聚集粮食是愚蠢的表现，公子沓指责申向在进谏时身体发抖，都是轻率地先发表自己的观点，因而也遭到了公孙龙等人的反击，有损威望。

【原文】

　　人主出声应容，不可不审。凡主有识，言不欲先。人唱我和，人先我随。以其出为之入，以其言为之名，取其实以责其名，则说者不敢妄言，而人主之所执其要矣。

孔思请行，鲁君曰："天下主亦犹寡人也，将焉之？"孔思对曰："盖闻君子犹鸟也，骇则举^①。"鲁君曰："主不肖而皆以然也，违^②不肖，过不肖，而自以为能论天下之主乎？凡鸟之举也，去骇从不骇。去骇从不骇，未可知也。去骇从骇，则鸟曷为举矣？"孔思之对鲁君也，亦过矣。

魏惠王使人谓韩昭侯曰："夫郑乃韩氏亡之也，愿君之封其后也。此所谓存亡继绝之义。君若封之，则大名。"昭侯患之，公子食我曰："臣请往对之。"公子食我至于魏，见魏王，曰："大国命弊邑封郑之后，弊邑不敢当也。弊邑为大国所患。昔出公之后声氏为晋公，拘于铜鞮，大国弗怜也，而使弊邑存亡继绝，弊邑不敢当也。"魏王惭曰："固非寡人之志也，客请勿复言。"是举不义以行不义也。魏王虽无以应，韩之为不义，愈益厚^③也。公子食我之辩，适足以饰非遂过。

魏昭王问于田诎曰："寡人之在东宫之时，闻先生之议曰：'为圣易。'有诸乎？"田诎对曰："臣之所举^④也。"昭王曰："然则先生圣于^⑤？"田诎对曰："未有功而知其圣也，是尧之知舜也；待其功而后知其舜也，是市人之知圣也。今诎未有功，而王问诎曰'若圣乎'，敢问王亦其尧邪？"昭王无以应。田诎之对，昭王固非曰"我知圣也"耳，问曰"先生其圣乎"，己因以知圣对昭王。昭王有非其有^⑥，田诎不察。

赵惠王谓公孙龙曰："寡人事偃兵十余年矣，而不成，兵不可偃乎？"公孙龙对曰："偃兵之意，兼爱天下之心也。兼爱天下，不可以虚名为也，必有其实。今蔺、离石入秦，而王缟素布总⑦；东攻齐得城，而王加膳置酒。秦得地而王布总，齐亡地而王加膳，所非兼爱之心也。此偃兵之所以不成也。"今有人于此，无礼慢易而求敬，阿党不公而求令，烦号数变而求静，暴戾贪得而求定，虽黄帝犹若困。

卫嗣君欲重税以聚粟，民弗安，以告薄疑曰："民甚愚矣。夫聚粟也，将以为民也。其自藏之与在于上，奚择？"薄疑曰："不然。其在于民而君弗知，其不如在上也；其在于上而民弗知，其不如在民也。"凡听必反诸己，审则令无不听矣。国久则固，固则难亡。今虞、夏、殷、周无存者，皆不知反诸己也。

公子沓相周，申向说之而战。公子沓訾之曰："申子说我而战，为吾相也夫？"申向曰："向则不肖，虽然，公子年二十而相，见老者而使之战，请问孰病哉？"公子沓无以应。战者，不习也；使人战者，严驵⑧也。意者恭节而人犹战，任不在贵者矣。故人虽时有自失者，犹无以易恭节。自失不足以难，以严驵则可。

【注释】

① 举：起飞。

② 违：离开。

③ 厚：多。

④ 举：提出，说出。

⑤ 于：乎。

⑥ 有非其有：享有不该有的名声。

⑦ 缟素布总：指丧服。

⑧严驵：严厉骄横。

【译文】

　　君主对自己的言行举止，不可不谨慎。一般有见地的君主说话都不抢先。有人先唱他就在后面和，有人先做他就在后面跟随。根据他外在的行动来观察他的内心，根据他的言语来考察他的名声，根据他的实际情况来审视他的名声。做到这些，游说的人就不敢胡说，而君主就掌握住根本了。

　　孔思曾经要求离开鲁国，鲁国的君主道："天下的君主都和我差不多，你打算去哪里呢？"孔思答道："我听说君子就像鸟儿一样，受到惊吓就会飞走。"鲁国的君主说："君主不贤能，天下各处都一样，离开不贤能的君主，又到另一个不贤能的君主那里去，你认为这样就能够评定天下的君主吗？大凡鸟儿飞走，是因为它要离开使它受惊吓的地方，去到另一个不会使它受惊吓的地方。去了之后是否会受到惊吓，这谁也不知道。假如离开受惊吓的地方再到另一个受惊吓的地方去，那么鸟儿为什么还要飞走呢？"孔思那样答复鲁君，是不对的。

　　魏惠王派人对韩昭侯说："郑国被韩国消灭了，希望您分封他们的后代。这就是所谓的使消灭的国家得以存在、使灭绝的诸侯得以延续的道义。假如您分封了郑国君主的后代，您的美名就会远扬四海。"韩昭侯对这件事情感到很忧虑，公子食我道："请准许我去回魏惠王。"公子食我到了魏国，拜见魏王，说："贵国要求我国分封郑国的后代，我国不敢答应。我国一直被贵国视为祸患。从前出公的后代声氏当晋国的君主，后来被囚禁在铜鞮，贵国没有给予同情，现在却让我们来保存灭亡的国家、延续灭绝的诸侯，我国不敢答应。"魏王愧疚地道："这不是我的想法，请客人不要再讲了。"这是典型地拿别人的不义行为来为自己的行为做辩护。魏王虽然无言以对，但是韩国所做的不义的事情却更加多了。公子食我的辩解，正好足以文过饰非。

魏昭王向田诎问道："寡人当太子时，听您说：'当圣贤很容易。'有这回事吗？"田诎回答道："我的确说过这样的话。"魏昭王道："请问您是圣贤吗？"田诎回答道："在没有功绩之前就知道这人是圣贤，这是尧对舜的了解；等到他做出了功绩以后才明白这人确实是圣贤，这是普通人对舜的了解。我没有什么功绩，陛下却问我是不是圣贤，请问您也是尧吗？"魏昭王无言以对。田诎回答魏昭王的时候，魏昭王本来就没有说"我了解圣贤"，而是问"您是圣贤吗"，田诎却用如何了解圣贤来回答魏昭王。魏昭王获得了本不应获得的声誉，这是田诎在回答的时候没有加以省察造成的。

赵惠王对公孙龙说道："寡人一心想消除战争已经十多年了，但是还没有获得成功，难道战争是不能被消除的吗？"公孙龙答道："消除战争的目的是让天下人平等和友爱。平等和友爱不是靠虚名来实现的，而要用实际行动。如今赵国的蔺、离石二县被纳入秦国的版图，陛下就穿上丧服；赵国向东袭击齐国，夺取了城邑，陛下就设宴庆贺。秦国得到土地而您穿丧服，齐国失去土地而您庆贺，这有悖于天下平等、友爱的思想。这就是想消除战争却不能取得成功的缘由。"如果有人傲慢无礼却要求其他人尊重他，结党营私、办事不公却想使自己得到好的名声，号令烦难而屡次改变却想得到平静，残暴又贪得无厌却想求得安定，这种事情即使是黄帝也会感到无奈的。

卫嗣君打算通过加重赋税来囤聚粮食，百姓感到很不安，他就把这件事情告诉了大臣薄疑，说："百姓怎么这么愚蠢啊。聚积粮食，是为了他们。他们把粮食藏在自己的仓库里与藏在国库有什么差别吗？"薄疑道："不能这么说。粮食在百姓家里就归他们所有，陛下就不能得到，这就不如保存在国库里；粮食在国库里，百姓就不能得到了，这就不如保存在百姓家里。"凡听到某种建议就要反思，要详细地考察，命令就没有不被听从的了。立国的时间越久，国家就越稳固，国家稳定了就难以灭亡。如今虞、夏、商、周没有保存下来，都是不明白反思的道理。

公子沓在周国当相国的时候，申向劝说他时战栗不止。公子沓指责他道："您劝我时战栗不止，是因为我是相国吗？"申向说："我是个不贤德的人，虽然这样说，但是您二十岁就当了相国，和年老的人会面时却让他们颤抖不止，这是谁的过失呢？"公子沓无言以对。颤抖是因为不习惯见尊者，使人颤抖不止，这是因为自身严厉骄横。假如能够谦虚待人，即使对方颤抖不止，那么责任也不在于地位尊贵的人。因此，虽然人经常会犯错误，但自身还是不能改变恭敬而又有礼貌的态度。犯错误不应该受责难，用严厉骄横的态度对待人则应该受责难。

名师点评

本文主张"有识"的君主应"言不欲先，人唱我和，人先我随"，带有旧时代统治者的权谋色彩，今天不可全盘接受，但其中蕴含的谨言慎行思想对于我们还是有教育意义的。如果我们言行不谨慎，不仅会给别人带去不好的印象，甚至可能误事。

延伸/阅读

诸葛亮妙施空城计

蜀国丞相诸葛亮错用马谡失去街亭后，只有两千五百军士驻守在西城县。某天司马懿率军十五万直奔西城方向而来，此时诸葛亮身边别无大将只有文官，众官员听见这个消息大惊失色。

诸葛亮登上城头察看军情，只见远处尘土飞扬，魏军正冲往西城县。诸葛亮当机立断："把全城旌旗都隐藏起来，军士们各自守在城上巡哨的岗棚中，如有随便出入城门及高声讲话者，格杀勿论！四个城门全部打开，每个城门用二十名军士打扮成百姓模样打扫街道。魏兵到时，不可妄动，一切听我安排。"

传令下去后，诸葛亮取来瑶琴，带着两个少年来到城头上，焚香操琴演奏。魏兵的前哨一发现这个情况，就向司马懿报告。司马懿得知情况立刻停军，自己飞马向前观望。

来到城下，果然见诸葛亮在城楼上悠闲自得地焚香弹琴，左边站立的少年手捧宝剑，右边侍奉的少年手执麈尾。城门内外仅有二十余名百姓旁若无人，低头打扫。司马懿看后怀疑城中有重兵，要是冲进去一定会中埋伏，连忙指挥部队撤退。

诸葛亮见魏军远去，大笑起来。

众官员问他："司马懿是魏国名将，如今统率精兵来到这里，见了丞相慌忙撤退，这是为什么呢？"

诸葛亮说："司马懿料定我平生谨慎，从不冒险，见我们这样镇定，怀疑有重兵埋伏，所以退去。我并非想冒险，这是不得已而用之。"

大家敬佩地说："丞相的计谋神鬼莫测啊。如果我们来指挥，必会弃城而走的。"

诸葛亮说："我们只有两千五百人，如果弃城而走，敌人很快就能追上，那时不就死路一条了吗？"

这是《三国演义》中的故事，告诉我们凡事皆应小心谨慎，巧用智慧，灵活变通。

学海/拾贝

☆ 人主出声应容，不可不审。凡主有识，言不欲先。人唱我和，人先我随。以其出为之入，以其言为之名，取其实以责其名，则说者不敢妄言，而人主之所执其要矣。

☆ 兼爱天下，不可以虚名为也，必有其实。

☆ 故人虽时有自失者，犹无以易恭节。自失不足以难，以严驵则可。

重　言

名师导读

　　本篇讲述了四个故事。殷高宗即位后三年不说话，因为他深知自己身为天子，一言九鼎，生怕说出不合适的话。周成王戏言以梧叶封赏弟弟叔虞，周公认为"天子无戏言"，让成王把晋地封给了叔虞。这两个故事都是强调天子说话要谨慎，即所谓"重言"。成公贾以隐语成功劝说楚庄王治理朝政，可见他善于说话，这也是"重言"的一个表现。齐桓公和管仲合谋伐莒，计划尚未发布而国都的人都听说了，原来是东郭牙根据齐桓、管仲说话的口型和手势推测出来而传出去的，可见"圣人听于无声"。这是说，即使没有说话，有的人也能从神态揣摩而出，因此一定要慎重对待自己的一言一行。

【原文】

　　人主之言，不可不慎。高宗，天子也，即位谅闇①，三年不言。卿大夫恐惧，患之。高宗乃言曰："以余一人正四方，余唯恐言之不类②也，兹故不言。"古之天子，其重言如此，故言无遗者。

　　成王与唐叔虞燕居③，援梧叶以为珪④，而授唐叔虞曰："余以此封女。"叔虞喜，以告周公。周公以请曰："天子其封虞邪？"成王曰："余一人与虞戏也。"周公对曰："臣闻之，天子无戏言。天子言，则史书之，工诵之，士称之。"于是遂封叔虞于晋。周公旦可谓善说矣，一称而令成王益重言，明爱弟之义，有⑤辅王室之固。

荆庄王立三年，不听而好讔⑥。成公贾入谏，王曰："不谷禁谏者，今子谏，何故？"对曰："臣非敢谏也，愿与君王讔也。"王曰："胡不设⑦不谷矣？"对曰："有鸟止于南方之阜⑧，三年不动不飞不鸣，是何鸟也？"王射⑨之曰："有鸟止于南方之阜，其三年不动，将以定志意也；其不飞，将以长羽翼也；其不鸣，将以览民则也。是鸟虽无飞，飞将冲天；虽无鸣，鸣将骇人。贾出矣，不谷知之矣。"明日朝，所进者五人，所退者十人。群臣大说，荆国之众相贺也。故《诗》曰："何其久也，必有以也。何其处也，必有与也。"其庄王之谓邪！成公贾之讔也，贤于太宰嚭之说也。太宰嚭之说，听乎夫差，而吴国为墟；成公贾之讔，喻乎荆王，而荆国以霸。

齐桓公与管仲谋伐莒，谋未发而闻于国，桓公怪之，曰："与仲父谋伐莒，谋未发而闻于国，其故何也？"管仲曰："国必有圣人也。"桓公曰："嘻！日之役者，有执蹠癙⑩而上视者，意者其是邪！"乃令复役，无得相代。少顷，东郭牙至。管仲曰："此必是已。"乃令宾者延之而上，分级而立。管子曰："子邪言伐莒者？"对曰："然。"管仲曰："我不言伐莒，子何故言伐莒？"对曰："臣闻君子善谋，小人善意。臣窃意之也。"管仲曰："我不言伐莒，子何以意之？"对曰："臣闻君子有三色：显然喜乐者，钟鼓之色也；湫⑪然清静者，衰绖⑫之色也；艴⑬然充盈、手足矜者，兵革之色也。日者臣望君之在台上也，艴然充盈、手足矜者，此兵革之色也。君呿⑭而不唫⑮，所言者'莒'也；君举臂而指，所当者莒也。臣窃以虑诸侯之不服者，其惟莒乎！臣故言之。"凡耳之闻，以声也。今不闻其声，而以其容与臂，是东郭牙不以耳听而闻也。桓公、管仲虽善匿，弗能隐矣。故圣人听于无声，视于无形。詹何、田子方、老耽是也。

【注释】

①谅闇（ān）：指帝王居丧。

②类：善，意指恰当。

③燕居：闲居。

④珪：古代玉器名。呈长条形，上尖下方。是古代贵族使用的一种礼器，用来进行朝聘、祭祀、丧葬等活动。

⑤有：通"又"。

⑥讔：隐语，谜语。

⑦设：施，这里意指讲隐语。

⑧阜：土山。

⑨射：猜度。

⑩蹠（zhí）疀（lì）：用脚踩着挖土的工具。蹠，踩，踏。疀，古代插地起土的工具。

⑪湫：清静，清冷。

⑫衰绖：丧服。

⑬艴（bó）然：恼怒、生气的样子。

⑭呿（qū）：张口。

⑮唫（jìn）：闭口。

【译文】

君主的言行，不可不慎重。殷高宗是天子，继位以后守孝，三年没说话。卿大夫们惊恐害怕，对此感到很忧虑。殷高宗于是说："凭借我一个人的力量来使四方得到安定，我很担心我说的话不恰当，因此才闭口不语。"古代的天子，对说话如此小心谨慎，因此所讲的话没有失误的。

周成王和弟弟唐叔虞闲居时，周成王摘下一片梧桐的叶子当作珪，递给弟弟唐叔虞道："我以这个为证来封赏你。"唐叔虞很开心，就把这件事情告诉了周公。周公向周成王请示道："您要分封唐叔虞了吗？"周成王道："那是我和他开的一个玩笑。"周公答道："臣没有听说过天子可以开玩笑的。天子的每一句话，都会被史官记录下来，乐工要朗读它，士人要颂扬它。"就这样，周成王把唐叔虞封于晋国。周公可以说是善于劝说的人了，他的进谏使得周成王对言语更加谨慎了，这既彰显了对弟弟的情义，又使王室更加稳固了。

楚庄王继位已经三年了，不务朝政，却喜欢隐语。成公贾上朝进谏，楚庄王道："寡人已经下令命所有的人都不许进谏，而今你来有什么事？"成公贾道："臣不敢进谏，臣只是想和陛下讲隐语。"楚庄王道："那你何不赶快对我讲呢？"成公贾道："有一只鸟停留在南方的一座山上，三年不动不飞也不叫，陛下猜猜它是只什么鸟呢？"楚庄王猜度道："一只鸟停留在南方的山上，它三年不动，是要借此坚定意志；它

三年不飞，是要借此来丰满自己的羽翼；它三年不叫，是要借此观察民间的法度。这只鸟虽然不飞，但是一飞就会冲上天空；虽然不叫，但是一叫就会使人们惊恐。你出去吧，寡人已知道这个隐语是什么意思了。"楚庄王第二天早朝时，提拔了五人，罢免了十人。臣子们见此很高兴，楚国的百姓相互庆贺。所以《诗经》上说："为什么这么久还不行动呢？一定是有原因的。为什么安居不移呢？必定是有原因的。"这大概说的就是楚庄王吧！成公贾说的隐语，胜过太宰嚭劝谏的言论。太宰嚭的劝谏为夫差所用，从而导致了吴国的灭亡；成公贾会讲隐语，楚王也能理解他的意思，从而使楚国称雄。

　　齐桓公与管仲谋划讨伐莒国，他们没有向外公布此事，但是国人都知道了，齐桓公感到非常惊讶，说："和您谋划的事情还没有公布，怎么全国上下就都知道了，有什么原因吗？"管仲道："国内一定有睿智的人啊。"齐桓公道："呀！那天有个服役的人拿着农具向上望，我想大概就是此人吧！"于是就找那个服役的人来继续服役，不许其他人替换。过了一会儿，东郭牙到了。管仲道："就是这个人把消息传出去的。"就命令礼宾官把他带过来，管仲和他各分宾主在台阶上左右站定。管仲道："是你把我国要袭击莒国的消息传出去的吧？"东郭牙道："没

错。"管仲道："我并没有说过此话，你怎么就说我国要攻打莒国呢？"东郭牙道："鄙人听说君子善于筹划，小人善于猜测。我也是私底下猜测的。"管仲道："我没有说过要攻打莒国的话，你是根据什么猜测的呢？"东郭牙道："鄙人曾经听说过君子有三种神色：面有喜悦之色，这是欣赏钟鼓之类乐器时的神色；面带清冷之色，那是居丧时的神色；怒气冲冲，手足挥动，这是要用兵打仗的神色。那天我看到您在台上怒气冲冲，手足大动，这就是要用兵打仗的神色。您张开嘴又没有闭上，所说的应该"莒"字；您举起胳膊指点，指的方向正是莒国。我心里嘀咕着，诸侯之中不肯臣服的只有莒国了！因此，我就传出了要袭击莒国的消息。"凡是耳朵能听到的，是依据声音。如今不依据声音而依据人的表情和举动就能够知道他人的意图，这就是东郭牙不通过耳朵就能有所听闻的原因啊。尽管齐桓公和管仲善于隐藏自己的秘密，也难以遮掩了。因此，圣人能够做到在无声之中有所闻，在无形之中有所见。詹何、田子方、老子都是这样的人啊。

名师点评

　　本篇强调君王说话必须谨慎，轻易讲话很可能造成不好的后果。正所谓"言多必失"，在当今社会，虽然善于言语交流是好事，但是也必须讲究方式和场合。如果不论场合，随时口若悬河，是很可能招致别人的反感的。文章最后一段讲东郭牙能"听于无声"，表现出其超强的观察能力和理解能力，这一点也是很值得我们学习的。

延伸/阅读

阮籍纵酒癫狂以自保

阮籍是魏、晋交替时期的著名诗人,他幼年丧父,家境非常贫寒。但是年幼的阮籍非常刻苦勤奋,最终成为一名有学问的文人。阮籍心存济世之志,他对执政的司马氏集团极为不满,但又不敢明确地表示自己的主张,所以只采取不涉是非、明哲保身的态度,或者闭门读书,或者登山临水,或者酣醉不醒,或者缄口不言。

当时著名的文学家嵇康是他的好友,他对当时的统治者也极为不满。他们两个人的思想抱负相同,因此关系非常密切。

阮籍还有一些比较要好的朋友,如山涛、向秀、刘伶、王戎及自己的侄子阮咸,他们七人经常聚在一起闲谈、狂饮、作诗、弹琴,人称"竹林七贤"。在七人当中,阮籍大概是最哭笑无常的了,因此《晋书》上说他"当其得意,忽忘形骸"。

学海/拾贝

☆ 人主之言,不可不慎。

☆ 故圣人听于无声,视于无形。

恃　君

名师导读

　　本篇主要论述了两大问题：一、君道的重要性；二、君道丧失以后忠臣廉士"死人臣之义"。关于第一个问题，作者认为单个的人并无强大力量以自卫，只有聚集成群才能战胜禽兽，抵御外部侵害；聚集成群就需要建立君道来进行管理和协调，这样才能使群体互利合作，具有力量，否则群体内部弱肉强食，"日夜相残"，将会自取灭亡。那么"君道"的内涵是什么呢？作者的解释是：为群体谋利而非为自己谋利的原则。关于第二个问题，作者列举豫让欲杀赵襄子和柱厉叔对待莒敖公两个事例来做说明。豫让不肯先假意投靠赵襄子再伺机杀之，是因为他觉得一旦投靠赵襄子，那就与赵襄子建立了君臣名分，这时再行刺赵襄子就是"大乱君臣之义"了。柱厉叔未得到莒敖公的知遇却仍然为莒敖公而死，除了是为践行"人臣之义"之外，还有警醒君主的目的，希望他们能看出真正的忠臣是哪些人。

【原文】

凡人之性，爪牙不足以自守卫，肌肤不足以扞①寒暑，筋骨不足以从利辟害，勇敢不足以却猛禁悍。然且犹裁万物，制禽兽，服狡虫②，寒暑燥湿弗能害，不唯先有其备，而以群聚邪！群之可聚也，相与利之也。利之出于群也，君道立也。故君道立则利出于群，而人备可完矣。

昔太古尝无君矣，其民聚生群处，知母不知父，无亲戚③兄弟夫妻男女之别，无上下长幼之道，无进退揖让之礼，无衣服、履带、宫室、畜积之便，无器械、舟车、城郭、险阻之备。此无君之患。故君臣之义，不可不明也。

自上世以来，天下亡国多矣，而君道不废者，天下之利也。故废其非君，而立其行君道者。君道何如？利而物④利章。

非滨之东，夷秽之乡，大解、陵鱼、其、鹿野、摇山、扬岛、大人之居，多无君；扬、汉之南，百越之际，敝凯诸、夫风、余靡之地，缚娄、阳禺、骓兜之国，多无君；氐、羌、呼唐、离水之西，僰人、野人、篇笮之川，舟人、送龙、突人之乡，多无君；雁门之北，鹰隼、所鸷、须窥之国，饕餮、穷奇之地，叔逆之所，儋耳之居，多无君。此四方之无君者也。其民麋鹿禽兽，少者使长，长者畏壮，有力者贤，暴傲者尊，日夜相残，无时休息，以尽其类。圣人深见此患也，故为天下长虑，莫如置天子也；为一国长虑，莫如置君也。置君非以阿⑤君也，置天子非以阿天子也，置官长非以阿官长也。德衰世乱，然后天子利天下，国君利国，官长利官。此国所以递兴递废也，乱难之所以时作也。故忠臣廉士，内之则谏其君之过也，外之则死人臣之义也。

豫让欲杀赵襄子，灭须去眉，自刑以变其容，为乞人而往乞于其妻之所。其妻曰："状貌无似吾夫者，其音何类吾夫之甚也？"又吞炭以变其音。其友谓之曰："子之所道甚难而无功。谓子有志则然矣，谓子智则不然。以子之材而索事襄子，襄子必近子。子得近而行所欲，此甚易而功必成。"豫让笑而应之曰："是先知⑥报后知⑦也，为故君贼新君矣，大乱君臣之义者无此，失吾所为为之矣。凡吾所为为此者，所以明君臣之义也，非从易也。"

柱厉叔事莒敖公，自以为不知，而去居于海上。夏日则食菱芡⑧，冬日则食橡栗⑨。莒敖公有难，柱厉叔辞其友而往死之。其友曰："子自以为不知故去，今又往死之，是知与不知无异别也。"柱厉叔曰："不然。自以为不知故去，今死而弗往死，是果知我也。吾将死之，以丑⑩后世人主之不知其臣者也，所以激君人者之行，而厉人主之节也。行激节厉，忠臣幸于得察。忠臣察则君道固矣。"

【注释】

①扞：抵御，捍卫。

②狡虫：毒虫。狡，凶暴。

③亲戚：这里指父母。

④物：通"勿"。

⑤阿：阿谀。

⑥先知：先了解自己的人，指智伯。

⑦后知：后了解自己的人，指赵襄子。

⑧菱芡（qiàn）：两种水生植物。菱，即菱角。芡，也叫"鸡头米"。

⑨橡栗：橡树的果实，即栎实，形状像栗子。

⑩丑：使……惭愧。

【译文】

就人的本能来说，爪牙不足以保护自己，肌肤不足以抵御寒暑，筋骨不足以使人趋利避害，勇武不足以除凶制暴。但是人依然能够主宰万物，制服野兽、毒虫，寒暑燥湿都不能为害，这正是人们事先有所准备而且群体相聚的缘故呀！人们群体相聚是能够使彼此获得利益的。人们群聚所产生的利益正是君道得以确立的基础。所以君道一旦确立，利益就会从群聚中产生，而人事方面也可以说是准备齐全了。

以前，在远古时代是没有君主的，那个时候人们过着群居生活，只知道自己的母亲，不知道自己的父亲，没有父母、兄弟、夫妻、男女这些角色的区分，没有上下、老幼的统一标准，没有进退礼让的礼仪，没有衣服、鞋子、衣带、房子、积蓄等使人方便的东西，没有器械、车船、城郭、险隘等工具设施。这也是没有君主所导致的祸患。所以，君臣之义，不可以不明察。

自上古时代以来，天下被灭的国家特别多，但是君道始终没有被废弃，因为那是对天下有利的。所以，要坚决废除那些不守君道的人，拥护那些按君道行事的人。什么是君道呢？那就是利民而不利己。　·

非滨以东，夷人居住的秽国，大解、陵鱼、其、鹿野、摇山、扬岛、大人等部族居住的地方，大多没有君主；扬州、汉水以南，百越人居住的地方，敝凯诸、夫风、余靡等部落，缚娄、阳禺、骥兜这些国家，大多没有君主；氐族、羌族、呼唐、离水以西，僰人、野人、篇笮的河流处，舟人、送龙、突人等部落，大多没有君主；雁门以北，鹰隼、所鸷、须窥等国家，饕餮、穷奇等地方，叔逆、儋耳等部落，也大多没有君主。这是四方没有君主的地方。居住在那里的人们像麋鹿野兽一样，年少的人可以役使年老的人，年老的人畏惧威猛的人，有力量的就被认为是贤能的人，残暴骄横的人受到尊重，人们昼夜相互残杀，从来没有停息，想方设法毁灭自己的同类。圣人洞察了这样的灾祸，所以为天下做长远考虑，没有比设立天子更好的办法了；为国家做长远考虑，没有比设立国君更好的办法了。设立国君不是阿谀国君，设立天子不是阿谀天子，设立长官的位置也不是阿谀长官。假如天下大乱、道德沦丧，然后天子凭借天下谋求私利，国君借助国家谋求私利，长官借助官职谋求私利。这就是国家一个接一个兴盛又一个接一个灭亡的原因，也是混乱、灾难之所以时常发生的原因。因此，作为忠臣和贤士，对内要敢于劝谏自己的国君，阻止他们错误的做法，对外则要勇于为维护臣子的道义而做出牺牲。

豫让打算刺杀赵襄子，就剃了胡须和眉毛，把自己的容貌给毁了，扮成乞丐去他妻子那里乞讨。他的妻子道："这个人长得一点儿也不像我的丈夫，但是声音怎么那么像呢？"然后豫让就吞炭改变了自己的声音。他的朋友对他说道："你选择的这条路非常艰难而且是没有结果的。你确实是个有志气的人，但是你却未必聪明。以你的才能去请求侍奉赵襄子，赵襄子必定会亲近你。可以先接近赵襄子，然后再做你想做的事情，这就容易得多了，而且成功的机会也大。"豫让笑着道："此种方法是为了一个先知遇自己的人去报复一个后知遇自己的人，是为了过去的主人而杀死新的主人，扰乱君臣之义的事没有比这更严重的了，这不是我要行刺的目的。我的目的是彰显君臣之义，不是为了选择一条更容易的路。"

柱厉叔侍奉莒敖公，觉得自己没有被知遇，所以离开莒敖公到海边隐居。夏天吃菱角芡实，冬天吃橡栗。莒敖公遇难，柱厉叔告别友人，前去为莒敖公慷慨赴死。他的友人说："当年你因为不被知遇才离开莒敖公，如今又要为他去死，这样一来，被知遇和不被知遇就没有什么区别了。"柱厉叔道："不对。我自认为没有被知遇而离开了他，如今他死了，我若不能为他而死，这说明他果真知道我是不忠不义之人。我如果为他而死，后世的君主就能为不了解自己的臣子而感到羞愧，这样可以激励君主注意品行，磨炼他们的节操。君主的品行和节操得到了考验，忠臣就有幸被察知了。忠臣被察知，君道就牢固了。"

名师点评

本篇后半部分大力表彰的忠臣廉士"死人臣之义"的行为，实为中华传统文化的核心价值观念的表现之一，其中有旧伦常的局限，也包含着仁人志士"择善而固执"的崇高精神。著名历史学家陈寅恪先生曾说："吾中国文化之定义，具于《白虎通》三纲六纪之说，其意义为抽象理想最高之境。"践行"君臣大义"等纲纪的那些人，他们所殉的"道"，所成的"仁"，均为抽象的理想，不可理解为具体的某个君主。他们可以说是为了崇高的信仰而死，应该给以"了解的同情"和肃然的敬意。

延伸/阅读

商汤伐夏

夏朝末年，从孔甲开始，即位的国君个个不思进取，整天只顾着享乐，偶尔有一个贤明的国君，让夏朝兴盛起来，可很快又会衰落下去。大约公元前17世纪，王位传到了一个叫桀的国君手里，他更是骄奢残暴，拼命修筑宫殿享乐，任用奸邪小人，不断压榨奴役国内百姓和夏朝属国。

桀的行为激起了百姓们的强烈不满，他们哀叹着："是日何时丧？予与汝皆亡。"意思是，这个太阳什么时候才会毁灭啊，我们恨不得跟你同归于尽！可见夏朝的统治多么不得人心。

就在夏朝衰落的时候，夏朝的一个属国——商国却渐渐强大起来。

商国的历史非常悠久，它得到了夏朝天子的授权，有权代天子征伐不服从夏朝统治的小国。桀当夏朝天子时，商国把国都迁到了亳（bó），商国的国君叫汤。

汤十分知人善任，且很有仁德。他的妻子有个陪嫁的奴隶，叫伊尹。伊尹做菜的手艺很好，他却故意把菜做得时咸时淡。汤很纳闷，便找来伊尹问话。伊尹不慌不忙地从烧菜时掌握好选料、咸淡、火候的道理，引申到如何治理国家。商汤听后大为赞叹，觉得伊尹是难得的贤才。他看到夏朝的局势越来越动荡了，希望伊尹能帮助桀王改邪归正，便派出使者，带着礼品，把伊尹推荐给了夏桀。

到了夏朝，夏桀让人给伊尹安排了住所，一连三年也不曾召见他。商汤就把伊尹请了回来，正式拜他为右相。在伊尹的辅佐下，商汤大力发展农耕，铸造兵器，训练军队，国力更加强盛起来。

商国和葛国是邻国，葛国国君被称为葛伯，对夏朝十分服从。汤担心葛伯会向夏朝汇报商国的真实情况，就想与葛伯交好。他听说葛国很久没有举行祭祀了，派人去询问原因。葛伯说国家太穷，没有可以当祭品的牲口，汤便送了一大批牛羊过去。谁知葛伯收下牛羊后，又以没有多余的粮食喂养牛羊为由，把牛羊杀掉吃了。汤又派人帮助葛国部落种庄稼，还派些人给葛国百姓送去食物。可葛伯不但派人抢走了食物，还杀了一个送饭的小孩。

葛伯的行为激起了公愤，汤带领军队消灭了葛国。经过十一次出征，又陆续消灭了韦、顾、昆吾等夏朝属国，成为当时最强大的部落。

夏朝大臣赵梁觉得汤对夏朝来说，是个巨大的威胁，劝桀早点消除这个隐患，桀把这件事放在了心上。不久，夏朝有个叫关龙逄的忠臣，因为苦苦劝说桀停止暴政，以免失去民心，触怒了桀，被桀杀了。

汤知道后，感念关龙逢对夏朝的忠心耿耿，自发吊唁他。桀就用这个理由，召汤到都城议事。等他一到都城，桀就命人把他抓起来关在了夏台。商国人急坏了，大家想尽办法用金银财宝贿赂桀身边的宠臣，终于把商汤救了出来。

汤回来后，准备讨伐夏桀。他为了试探夏朝的反应，在右相伊尹的建议下，停止了向夏朝纳贡。桀大发雷霆，立即调动九夷发兵进攻。汤立即向夏桀请罪，恢复进贡，稳住了桀。私下则积极和诸侯结盟，发展国力，蓄积力量。

大约在公元前1600年，九夷中许多部落受不了桀的欺压，纷纷叛离，汤再次停止向夏朝进贡。桀想让诸侯讨伐汤，可这次桀的指挥棒不灵了，各路诸侯谁也不听他的指挥。商汤看到伐夏的时机已经成熟，果断下令起兵伐夏。

战前，商汤举行了一场鼓舞人心的誓师大会，列举了桀的种种罪状，又强调说："今天不是我要发动叛乱，是桀犯下很多罪行，上天让我讨伐他！你们只要辅佐我，行使上天对桀的惩罚，我将大大赏赐你们！决不会不守信用。如果你们不听从我的指挥，我就让你们去当奴隶，以示惩罚，没有谁会得到赦免。"

经过这番动员，大军士气高涨，汤又制订了严格的作战纪律，然后率领七十辆战车、六千名步兵，加上盟国的军队，绕到夏都西部，出其不意地展开了进攻。桀毫无准备，连忙召集军队，仓促应战。

两军在鸣条这个地方展开了决战，毫无斗志的夏军很快就被打得溃不成军，桀逃到南巢，没多久就病死了，夏朝灭亡。

随后，汤召集天下诸侯，举行大会。会上，他得到了三千多名诸侯的拥护，被推为天子，正式建立了商朝。

商汤能推翻夏桀，有三个原因：第一，知人善任，能够抛开身份的偏见，发现并重用真正有才干的伊尹；第二，很有仁德，得到了诸侯们的拥护；

第三，做事有计划，有耐心，一点也不贪功冒进，一直等到时机真正成熟后才出兵，一举取胜。相反，夏桀却专制暴虐、荒淫奢侈、残害百姓、侵夺诸侯，以致天怒人怨。所谓"得道多助，失道寡助"，夏最终为商汤所灭可以说是历史的必然。

学海 / 拾贝

☆ 君道何如？利而物利章。

☆ 置君非以阿君也，置天子非以阿天子也，置官长非以阿官长也。

☆ 行激节厉，忠臣幸于得察。忠臣察则君道固矣。

达 郁

名师导读

　　"达郁"意即排除郁塞，使之通达。本篇主旨在于论述君主应尊重"豪士与忠臣"，因为他们敢于直言以疏通国家的郁塞。文章开头即指出郁塞是万病发生的原因，不论是人体还是大自然都是如此，国家也不例外。国家的郁塞是什么呢？就是"主德不通，民欲不达"，即君主德行有失，德政不能施行于下民；下民欲求不能上达，无法获得满足。这就需要"豪士与忠臣"进行疏决。接下来列举四例。一、周厉王施行暴政，不允许民众批评议论，最终被国人流放。这是最典型的"主德不通，民欲不达"而引发的国家动荡。二、管仲谏齐桓公不要沉湎于饮酒之乐；三、列精子高因下属阿谀奉承，把自己难看的衣着说成是美的，因而联想到齐湣王作为一国之君，阿谀他的人必然更多。这两个例子是论说忠臣可以帮助君主防止失德，使"主德不通"情况不致发生。四、赵简子能够容忍尹铎不留情面的批评，因而他的德行自然就少有缺点，所以文章赞扬他是一个贤君。

【原文】

　　凡人三百六十节，九窍、五藏、六府。肌肤欲其比^①也，血脉欲其通也，筋骨欲其固也，心志欲其和也，精气欲其行也。若此则病无所居，而恶无由生矣。病之留、恶之生也，精气郁也。故水郁则为污，树郁则为蠹②，草郁则为蕡。国亦有郁。主德不通，民欲不达，此国之郁也。国郁处久，则百恶并起，而万灾丛至矣。上下之相忍也，由此出矣。故圣王之贵豪士与忠臣也，为其敢直言而决郁塞也。

周厉王虐民，国人皆谤。召公③以告，曰："民不堪命矣！"王使卫巫监谤者，得则杀之。国莫敢言，道路以目。王喜，以告召公，曰："吾能弭④谤矣！"召公曰："是障之也，非弭之也。防民之口，甚于防川。川壅而溃，败⑤人必多。夫民犹是也。是故治川者决之使导，治民者宣之使言。是故天子听政，使公卿列士正谏，好学博闻献诗，矇⑥箴师⑦诵，庶人传语，近臣尽规，亲戚补察，而后王斟酌焉。是以下无遗善，上无过举。今王塞下之口，而遂上之过，恐为社稷忧。"王弗听也。三年，国人流王于彘。此郁之败也。郁者不阳也。周鼎著鼠，令马履之，为其不阳也。不阳者，亡国之俗也。

管仲觞⑧桓公。日暮矣，桓公乐之而征烛。管仲曰："臣卜其昼，未卜其夜。君可以出矣。"公不说，曰："仲父年老矣，寡人与仲父为乐将几之！请夜之⑨。"管仲曰："君过矣。夫厚于味者薄于德，沈⑩于乐者反于忧。壮而怠则失时，老而解则无名。臣乃今将为君勉之，若何其沉于酒也！"管仲可谓能立行矣。凡行之堕也于乐，今乐而益饬⑪；行之坏也于贵，今主欲留而不许。伸志行理，贵乐弗为变，以事其主。此桓公之所以霸也。

列精子高听行乎齐湣王，著束布⑫衣，白缟⑬冠，颡推之履⑭，特会朝而袪步⑮堂下，谓其侍者曰："我何若？"侍者曰："公姣且丽。"列精子高因步而窥于井，粲然恶丈夫之状也。喟然叹曰："侍者为吾听行于齐王也，夫何阿哉！又况于所听行乎？"万乘之主，人之阿之亦甚矣，而无所镜，其残亡无日矣。

孰当可而镜？其唯士乎！人皆知说镜之明己也，而恶士之明己也。镜之明己也功细，士之明己也功大。得其细，失其大，不知类耳。

赵简子曰："厥也爱我，铎也不爱我。厥之谏我也，必于无人之所；铎之谏我也，喜质⑯我于人中，必使我丑。"尹铎对曰："厥也爱君之丑也，而不爱君之过也；铎也爱君之过也，而不爱君之丑也。臣尝闻相人于师，敦颜而土色者忍丑。不质君于人中，恐君之不变也。"此简子之贤也。人主贤则人臣之言刻。简子不贤，铎也卒不居赵地，有况乎在简子之侧哉！

【注释】

① 比：细密，细腻。

② 蠹（dù）：蛀虫。

③ 召公：此指召穆公，名虎，周厉王的卿士。

④ 弭：止，消除。

⑤ 败：伤害。

⑥ 矇：盲人，指乐官。

⑦ 师：乐师。

⑧ 觞：进酒。此处指宴饮。

⑨ 夜之：指夜里继续饮酒。

⑩ 沈：同"沉"，沉湎。

⑪ 饬：严正。

⑫ 柬布：练布，白色的熟绢。

⑬ 缟：未染色的绢。

⑭ 颙推之履：鞋头突出如颙额者，即所谓高头鞋。

⑮ 袪（qū）步：撩起衣服走路。

⑯质：质正，纠正。

【译文】

　　凡是人都有三百六十个骨节，有九窍、五脏、六腑。应该让肌肤细腻，让血脉运行，让筋骨强壮，让心志平和，让精气顺畅通行。这样，病痛就无处可居，而恶疾就无从产生了。疾病的滞留、恶疾的产生，是因为精气郁塞不通。因此，水郁塞不通就会变得浑浊，树郁塞不通就会生蛀虫，草郁塞不通就会枯死。国家也有郁塞不通的时候。君主的德行不通达，人民的欲望无法实现，这就是国家郁塞不通的表现。国家郁塞的时间长了，那么各种邪恶就会一起产生，各种灾难也会一起到来。高官与下民的相互残害，也会由此产生。所以圣明的君主尊重豪杰之士和忠臣，因为他们敢于直言进谏而能解除国家的郁塞。

　　周厉王残暴地对待百姓，国人纷纷指责他。召穆公把这些情况告诉了周厉王，说："百姓已经无法忍受您的命令了！"周厉王就派卫国的巫师监视那些胆敢指责他的百姓，抓住以后就杀掉。国中没有人敢再说话，大家在路上遇到只是彼此用眼神交流。周厉王非常高兴，得意地把这种情况告诉召穆公，说："我已经消除百姓的诽谤了。"召穆公说："这样只不过是阻止了百姓开口，但是并没有消除他们的怨恨。堵住百

姓的嘴，比堵塞大河的危害还大。大河被堵住，一旦决口，会伤害很多的人。百姓也是如此。所以，治河的人要疏通河道，使水畅流，治理百姓的人也应该使百姓大胆说话。所以，天子处理国事，让公卿列士直言进谏，让好学之士进献讽谏的诗，让乐官进献讽谏的话，让乐官诵读讽谏的诗，让百姓把意见传上来，使身边的近臣把进谏的话都说出来，使同宗的亲属弥补天子的过失、监督天子的政事，然后天子才酌情实行。所以，下边没有遗漏的善言，上边没有失德的举动。而今陛下堵住了下边的嘴，造成上边君王的过失，恐怕会成为社稷之忧。"周厉王没有听召公的劝谏。三年过后，百姓把周厉王放逐到了彘。这就是郁塞不通所导致的后果啊。郁塞不通就是丧失阳气。周鼎上铸刻着鼠形图案，让马踩着它，就是因为它属阴不属阳。失掉阳气，这是亡国的征象。

管仲与齐桓公宴饮。天已经黑了，齐桓公喝得很高兴，派人点上蜡烛继续喝。管仲道："白天招待陛下之事，我占卜过，至于晚上，我没有占卜过。您可以走了。"齐桓公很不开心，道："仲父年纪大了，我和您一起享乐的时间还能有多久呢！晚上继续喝吧。"管仲道："您错了。贪图美味的人道德卑微，沉湎于享乐的人反遭忧伤。壮年懈怠就会失去良机，老年还这样的话就会失去功名。我从现在开始将对您加以劝勉，怎么能够沉湎于饮酒作乐中呢！"管仲可以说是能够树立品行了。凡是品行堕落都在于过分享乐，而今他虽然作乐，但态度更加严正；品行的败坏在于过分尊贵，所以而今君王想留下饮酒，他却不同意。管仲申明了自己的意志，依据义理行事，不因为尊贵和享乐就有所改变，并抱着这种态度侍奉他的君主。这也是桓公能够建立功业的缘由。

齐湣王对列精子高言听计从。有一次列精子高穿着白色熟绢织的衣服，戴着没有染色的白绢做的帽子，穿着高头鞋，天刚亮就特意撩起自己的衣服在堂下走来走去，对他的下属道："你看我的着装怎么样呢？"下属道："您既英俊又潇洒。"列精子高然后走到井边看，明明是一个丑陋的男人的样子。他叹息道："下属因为齐王对我言听计从，就对我如此阿谀奉承，更何况对齐王呢？"对于万乘大国的君主，人们的阿谀奉承就更加严重了，但是他自己无法察觉自己的过错，如此国家离灭亡就不远了。谁能够做他的镜子呢？也许只有贤能的人吧！人们都喜欢在镜子面前照出自己的模样，却讨厌贤能的人指出他们的缺点。镜子照出自己的模样，作用很小；贤能的人指出自己的不足，功绩很大。得小而失大，这是不知类比啊。

赵简子道："赵厥对我好，尹铎对我不好。赵厥进谏的时候，一定在没有人的地方；尹铎进谏的时候，喜欢当着别人的面质正我，一定要使我出丑。"尹铎回答道："赵厥顾及您的颜面，而没有顾及您的过错；我顾及您的过错，没有顾及您的颜面。我以前在老师那里听过如何相面，面色敦厚而发黄的人是可以承受住出丑的。如果我不在别人面前纠正您，也许您是不会改正的。"这也是赵简子的贤能之处啊。君主贤能则臣子的劝谏之言就严厉深刻。假如赵简子不够贤能，尹铎最终也无法待在赵国，何况是待在赵简子的身边！

名师点评

周厉王因为堵塞民众的指责之口而导致政权丧失，齐桓公因为有管仲的直言劝谏而称霸诸侯。对待批评意见的两种不同态度导致了两种截然相反的结果，这样的情况在历史上比比皆是。治国理政，需要广开言路，多渠道及时了解民众的思想和需求，才能更好地为人民服务。提升自我，也需要虚心接受各种批评意见，不断改正自己的不足。古语说："忠言逆耳利于行。"本篇蕴含的旨趣，也是值得体味的中华传统智慧之一。

延伸/阅读

铫期淡泊名利

铫期是东汉初年的著名将军。他率部作战时，纪律严明，冲锋在前，为开创东汉王朝立下了汗马功劳。为此，东汉的光武帝刘秀封他为食邑五千户的安成侯，对他十分器重和信赖。

但是，铫期并没有躺在功劳簿上过日子，而是勤劳奉公，处处以国家的利益为重。平时，看到刘秀有什么不对，他都率直地当面进行劝阻，哪怕刘秀大怒，自己也毫不回避和迁就。在通常情况下，刘秀多是采纳铫期的意见，避免了不少错误。

铫期有两个儿子，一个名铫丹，一个名铫统。尽管铫期对他们很爱怜，可是在生活上要求却很严格，从不让儿子们倚借这侯门子弟的身份做出越轨的事。

铫期积劳成疾。老母亲望着病床上奄奄一息的儿子，又顾念到两个没成年的小孙子，便呜咽地跟铫期诉说，让他趁着还有口气的时候，跟刘秀提出由孩子承袭安成侯爵位的问题。

铫期睁开眼睛，缓慢而吃力地跟老母亲说："这些年来，我受到国家如此深厚的恩待，但是给国家做的事却少得很。一想到这些，就觉得很羞惭。现在要死了，我正抱恨今后不能再给国家出力，哪里还想到再为儿子们的荣华富贵伸手讨要，让儿子们去承袭什么侯位呢？"说着说着，慢慢地闭上了眼睛。

一个人尤其是为官者，奉献一时、廉洁一时并不难，难的是坚持一辈子，一生奉行廉洁奉公的作风。不计较个人得失，为了国家利益鞠躬尽瘁、死而后已的人，才堪称真正的伟人。

学海／拾贝

☆ 主德不通，民欲不达，此国之郁也。国郁处久，则百恶并起，而万灾丛至矣。

☆ 是故治川者决之使导，治民者宣之使言。

☆ 夫厚于味者薄于德，沈于乐者反于忧。壮而怠则失时，老而解则无名。

☆ 人皆知说镜之明己也，而恶士之明己也。镜之明己也功细，士之明己也功大。

慎行论

疑 似

名师导读

　　本篇论述了不能分辨疑似之物可能会导致极为严重的后果的问题，并指出了辨察"疑似之迹"的原则。文章开头即罗列多种相似之物难以分辨的事例，指出这是使愚者"大惑"、使圣人忧虑的事情；接着讲述周幽王无寇击鼓而"失真寇"以致身死国亡和黎丘丈人惑于奇鬼而误杀"真子"两个故事，论证相似之物带来的危害；最后指出辨察"疑似之迹"的原则在于向熟悉了解有关情况的人求教，即使是像尧、舜、禹那样的圣人也必须如此。

【原文】

　　使人大迷惑者，必物之相似也。玉人^①之所患，患石之似玉者；相剑者之所患，患剑之似吴干者；贤主之所患，患人之博闻辩言而似通者。亡国之主似智，亡国之臣似忠。相似之物，此愚者之所大惑，而圣人之所加虑也，故墨子见歧道而哭之。

扫码看视频

周宅②酆、镐，近戎人。与诸侯约：为高葆③祷于王路，置鼓其上，远近相闻；即戎寇至，传鼓相告，诸侯之兵皆至，救天子。戎寇当至，幽王击鼓，诸侯之兵皆至，褒姒大说，喜之。幽王欲褒姒之笑也，因数击鼓，诸侯之兵数至而无寇。至于后戎寇真至，幽王击鼓，诸侯兵不至，幽王之身乃死于丽山④之下，为天下笑。此夫以无寇失真寇者也。贤者有小恶以致大恶。褒姒之败，乃令幽王好小说以致大灭。故形骸相离，三公九卿出走。此褒姒之所用死，而平王所以东徙也，秦襄、晋文之所以劳王劳而赐地也。

梁北有黎丘部，有奇鬼焉，喜效人之子侄昆弟之状。邑丈人有之市而醉归者，黎丘之鬼效其子之状，扶而道苦之⑤。丈人归，酒醒而诮⑥其子曰："吾为汝父也，岂谓不慈哉？我醉，汝道苦我，何故？"其子泣而触地⑦曰："孽矣！无此事也。昔也往责于东邑，人可问也。"其父信之，曰："嘻！是必夫奇鬼也！我固尝闻之矣。"明日端⑧复饮于市，欲遇而刺杀之。明旦之市而醉，其真子恐其父之不能反也，遂逝⑨迎之。丈人望其真子，拔剑而刺之。丈人智惑于似其子者，而杀于真子。夫惑于似士者而失于真士，此黎丘丈人之智也。

疑似之迹，不可不察，察之必于其人⑩也。舜为御，尧为左，禹为右，入于泽而问牧童，入于水而问渔师，奚故也？其知之审也。夫孪子之相似者，其母常识之，知之审也。

【注释】

①玉人：玉匠。

②宅：居。此指定都。

③葆：通"堡"，小城。

④丽山：骊山。

⑤苦之：折磨他。

⑥诮：责备。

⑦触地：指叩头。

⑧端：故意，特意。

⑨逝：往，去。

⑩其人：指熟悉了解这方面情况的人。

【译文】

让人深感疑惑的，一定是那些看起来非常相似的事物。玉匠所担忧的，是像玉一样的石头；相剑的人所担忧的，是像干将一样的剑；英明的君主所担忧的，是那些博闻善辩、看起来似乎非常通达的人。亡国的君主看似贤明，亡国的大臣看似忠诚。相似的东西，让蒙昧的人感到困惑，圣人也要多加思虑，所以墨子碰到岔路时会号啕大哭。

周朝定都酆、镐，这两个地方邻近西戎。于是周王和各家诸侯约定：在大路旁筑起一座高堡，上面放置大鼓，使远近都可以听到鼓声；如果戎人入侵，就击鼓报警，彼此传告，各路诸侯兵马都要赶来，救援周王。有一次，戎人入侵，幽王击鼓报警，各路诸侯兵马纷纷赶来，幽王的宠姬褒姒看见了，开心地大笑起来。后来，幽王想让褒姒高兴，就几次击鼓，弄得各路诸侯几次兴师动众赶到，却不见敌人。最后，戎人真的又打来了，幽王再次击鼓，诸侯兵马却不来了，结果，幽王兵败，死在骊山脚下，为天下人所耻笑。这是因为本来没有敌人而胡乱击鼓，导致真正的敌人来时击鼓也无效。贤人有小的过失尚且会招致大祸，更何况不肖的人呢？褒姒败坏国事，是让幽王为了博她一笑而导致整个国家灭亡。因此，幽王身首异处，三公九卿纷纷逃窜。这也导致了褒姒的死，而平王为此迁都洛阳，秦襄公、晋文侯起兵勤王而被赏赐土地。

魏国的北部有个叫黎丘的乡村，这里有个奇怪的鬼，喜欢装扮成别人的儿子、侄子、兄长、弟弟的样子。乡村的一个老人到街市上喝醉了酒回家，黎丘之鬼就装扮成他的儿子，扶着他，在路上折磨他。老人回到家，酒醒后就责骂他的儿子，说："我是你的父亲啊，难道我对你不够好吗？我喝醉了，你却在路上折磨我，这是为什么？"他的儿子哭着磕头碰地，说："冤枉啊！没有这样的事啊！昨天我去东邑向人讨债了，您可以去问他。"他的父亲相信了他的话，说："呵！那肯定是那个奇怪的鬼了！我早听说过它。"老人第二天特意又到街市上喝酒，想碰上那鬼将它刺死。老人第二天一大早就去了街市，喝醉了酒，他儿子担心父亲不能回家，就前去接他。老人看见自己的儿子，拔剑就刺。老人的头脑竟被像他儿子的鬼弄糊涂了，因而杀死了自己真正的儿子。那些被冒牌的贤士搞糊涂的人，见了真正的贤士反而不能辨认，他们的头脑其实和黎丘老人是一样的啊。

对于相似的现象，不可不明察，明察就一定要找了解实际情况的人。即使圣人舜做马夫，尧为车左，禹当车右，进入草泽也要询问牧童，到了水泽也要询问渔夫，这是为什么呢？因为这些人对实际情况了解得更清楚。孪生的孩子虽然长得很像，但是他们的母亲还是能够区别、辨认出来，就是因为了解他们的情况啊。

本篇强调对相似之物进行辨察的重要性，并用了两个故事来说明无法辨识相似之物的严重后果。我们现在生活在互联网时代，网上有各种似是而非的消息和言论，如果不能认真分辨，也会对我们的生活和工作产生不利影响。这就要求我们加强学习，更加深入地了解社会，树立正确的价值观，提高分析问题、判断问题的水平，才能不受假象迷惑，使生活和工作更加顺利。

延伸/阅读

举棋不定

春秋时期，卫献公由于是一个暴君而被卫国大夫孙文子和宁惠子利用军事政变赶下了台，他的母亲和弟弟也被驱逐到了齐国，他们立公孙剽为君，史称卫殇公。

后来，宁惠子认为驱逐卫献公是一种不忠不孝并且可耻的行为。于是在临死前叮嘱儿子宁悼子一定要把卫献公接回来。

卫献公得到宁悼子让他回国的消息后，急忙派人主动与他联系，同时向宁悼子保证，他回国后对所有的政事绝不过问和干涉，他只掌管一些宗庙之类的事情就可以了。

宫内有些大臣极力反对卫献公回国，认为他虽在外流亡十二年，但其本性没有改变，如果回来，对大家没有好处。其中一位大夫大叔仪劝导宁悼子说，做任何事应前后一致，不要一会儿驱逐国君，一会儿接回国君，就好比下棋，如果举棋不定，就无法击败对手。在对待国君问题上如此轻率，定会遭灭族之灾。而执意听从父亲遗命的宁悼子根本听不进劝告。

卫献公回到卫国后并没有履行自己的承诺，而是暗地里开始了他的复仇计划。不久，他利用大夫公孙免余废掉了宁悼子，杀掉了大夫孙文子，彻底消灭了宁氏的势力，自己独揽了大权，洗雪了自己被驱逐出国的奇耻大辱。

学海/拾贝

☆ 使人大迷惑者，必物之相似也。

☆ 相似之物，此愚者之所大惑，而圣人之所加虑也。

☆ 疑似之迹，不可不察，察之必于其人也。

求 人

名师导读

　　本篇论述统治者求贤的重要性。文章开头从正反两面提出这一论点：用贤人则国安名荣，不用贤人则国危名辱。接下来谈"先王"求贤的做法，即"极卑极贱，极远极劳"。尧传天下给舜的做法中，体现了他对贤者的"至卑"态度；伊尹和傅说虽身份"至贱"，却被天子任命为国相；禹为了求贤人，遍行天下"至远"之地，面目黧黑，疲惫不堪，可谓"至劳"。在列举了这几个例子以后，文章又穿插了尧让天下于许由而被拒绝的故事，以强调求贤不易，并引出"贤主"对于贤者知爱备至，即使是身边亲近的人也不能离间的观点，对上述"先王"求贤的几种做法做了补充。文章最后以皋子求贤之事说明用贤则名荣，以郑国因有子产而免遭晋国侵袭之事说明用贤则国安，回应开头提出的论点。

【原文】

　　身定、国安、天下治，必贤人。古之有天下也者七十一圣，观于《春秋》，自鲁隐公以至哀公十有二世，其所以得之，所以失之，其术①一也。得贤人，国无不安，名无不荣；失贤人，国无不危，名无不辱。

　　先王之索贤人，无不以②也。极卑极贱，极远极劳。虞用宫之奇，

扫码看视频

吴用伍子胥之言，此二国者，虽至于今存可也，则是国可寿③也。有能益人之寿者，则人莫不愿之；今寿国有道，而君人者而不求，过矣。

尧传天下于舜，礼之诸侯，妻以二女，臣以十子，身请北面朝之，至卑也。伊尹，庖厨之臣④也；傅说，殷之胥靡⑤也，皆上相天子，至贱也。禹东至榑木⑥之地，日出九津，青羌之野，攒树之所⑦，揖⑧天之山，鸟谷、青丘之乡，黑齿之国；南至交阯、孙朴、续樠之国，丹粟、漆树、沸水漂漂九阳之山，羽人、裸民之处，不死之乡；西至三危之国，巫山之下，饮露吸气之民，积金之山，其肱、一臂、三面⑨之乡；北至人正之国，夏海之穷，衡山之上，犬戎之国，夸父之野，禺强之所，积水、积石之山。不有懈堕，忧其黔首⑩，颜色黎黑，窍藏不通，步不相过⑪，以求贤人，欲尽地利，至劳也。得陶、化益、真窥、横革、之交五人佐禹，故功绩铭乎金石，著于盘盂。

昔者尧朝许由于沛泽之中，曰："十日出而焦⑫火不息，不亦劳乎？夫子为天子，而天下已治矣，请属天下于夫子。"许由辞曰："为天下之不治与？而既已治矣。自为与？嘲鷦⑬巢于林，不过一枝；偃鼠饮于河，不过满腹。归已，君乎！恶用天下？"遂之箕山之下，颍水之阳⑭，耕而食，终身无经天下之色。

故贤主之于贤者也，物莫之妨，戚爱习故不以害之，故贤者聚焉。贤者所聚，天地不坏，鬼神不害，人事不谋，此五常之本事也。

皋子，众疑取国，召南宫虔、孔伯产而众口止。

晋人欲攻郑，令叔向聘焉，视其有人与无人。子产为之诗曰："子惠思我，褰裳⑮涉洧；子不我思，岂无他士？"叔向归曰："郑有人，子产在焉，不可攻也。秦、荆近，其诗有异心，不可攻也。"晋人乃辍攻郑。孔子曰："《诗》云：'无竞惟人。'子产一称而郑国免。"

【注释】

①术：方法。

②以：为，做。

③寿：这里指长存。

④臣：奴隶。

⑤胥（xū）靡：指刑徒。

⑥榑（fú）木：指扶桑。传说中太阳升起的地方，东方的尽头。

⑦攒树之所：树木丛生之处。

⑧揖（mín）：抚。

⑨其肱、一臂、三面：均是神话传说中的西方国家。其肱，即奇肱。

⑩黔（qián）首：百姓。

⑪步不相过：走路时后脚不超过前脚，形容非常疲惫。

⑫焦：同"燋"，火把、火炬。

⑬啁（zhōu）噍（jiāo）：鸟名，即鹪鹩。

⑭阳：水的北岸。

⑮褰（qiān）裳：提起衣裳。裳，指下衣。

【译文】

要使自身安定、国家稳定、天下太平，就一定要任用贤能的人。上古君临天下的有七十一位圣人，从《春秋》中可以看出，自鲁隐公到鲁哀公已有十二代，他们之所以得到君位，之所以失去君位，其中的道理是一样的。求得贤人，国家没有不安定的，声名没有不显耀的；失去贤人，国家没有不危险的，声名没有不受辱的。

　　先君为了得到贤能的人，什么都愿意做。（对待贤人）他们的态度可以极卑极贱，（为了求得贤人）他们可以跋山涉水、不辞辛苦。如果虞国听从宫之奇的进谏、吴国听从伍子胥的告诫，这两个国家延续到今天也是有可能的，那么，这就说明国家是可以长存的。若说有延长人寿命的方法，没有人不愿意试试；而今有使得国家长存的方法，做君主的却不去寻求，这就是大错了。

　　尧把天下传给了舜，在诸侯的面前礼敬他，还把自己的两个女儿嫁给了他，让自己的十个儿子做他的臣子，自己则面向北以臣子的身份拜他，这是对贤人极为谦卑。伊尹是个在厨房服役的奴隶，傅说是殷商的刑徒，后来却都做了天子的相国，这是任用身份卑贱的人。大禹东行到扶桑，远赴太阳升起的九津，青羌的原野，树木丛生的地方，耸入云天的高山，鸟谷、青丘之乡，以及黑齿之国；南行到交阯、孙朴、续樠之国，到生产丹砂、生长漆树、泉水喷涌的九阳之山，到羽人、裸民之乡和不死之国；西行到三危之国，巫山之下，吸风饮露的仙人居住的地方，以及积金之山，奇肱、一臂、三面之国；北行到人正之国，夏海之滨，衡山之上，犬戎之国，夸父追日之国，禺强居住之所和积水、积石之山。大禹没有丝毫怠慢，为百姓操劳，面色黧黑，经脉滞塞，

身心疲惫，步履艰难，四处寻求贤能的人，一心要使土地得到充分利用，这真是勤劳到了极点。结果得到了陶、化益、真窥、横革、之交这几个人做自己的得力助手，所以最终其功绩铭刻于金石、铭记于盘盂。

以前尧到沛泽之中拜访许由，说：“十个太阳都出来了，火把还是不熄灭，这不是徒劳吗？您来做天子，天下会治理得更太平，请让我把天下托付给您吧。”许由推辞道：“您这么说的缘由是不是您在位的时候天下得不到好的治理呢？可如今已经天下大治。难道是为了自己吗？鹪鹩在林中筑巢，所占领的不过是一根树枝；偃鼠到河里喝水，也不过是为了喝饱肚子。您还是回去吧！我哪里用得着天下？”然后就到了箕山脚下、颍水北岸，种田为生，始终没有治理天下的想法。

因此贤能的君主唯才是用，不会因为外界事物而使它受到妨害，不会因为自己的亲属、私爱、近习、故交而使之受到损害，这样贤人就会聚集到他身边。贤人所聚集的地方，天地不会降灾，鬼神不会为害，他人无法算计，这就是五常的根基。

皋子被大家怀疑窃国，他就召来南宫虔、孔伯产等贤人，于是大家就停止了非议。

晋国想要攻打郑国，就派叔向到郑国访问，伺机打探郑国有没有贤人。子产赠给叔向一首诗：“如果你心里在思念我，就请提起衣裳渡过洧河；假如你不再思念我，难道我就没有其他人选了吗？”叔向回到晋国之后说：“郑国有贤人，子产在位，不能进攻。郑国离秦国、楚国那么近，子产的诗里又流露出其他想法，因此不能进攻。”晋国于是放弃攻打郑国。孔子道：“《诗

经》中说：'国家的强大在于有贤人。'子产的诗使郑国免遭一场祸患啊。"

名师点评

　　禹为了求贤士以治理好天下，遍行东西南北极远之地，面目黧黑，身心俱疲，却不言放弃，终于得到五位贤人的辅佐而成就了伟大功业，这是本篇中叙写得最为铺张的一个片段。禹的这种不辞劳苦、坚韧不拔的精神值得我们学习。

延伸/阅读

三顾茅庐

　　东汉末年，群雄争霸，刘备也是其中之一。刘备本出身皇族，自称是中山靖王的后代，只可惜家道中落，只好以贩卖草鞋为生。

　　刘备的奋斗史颇为曲折。在决心要干一番大事之后，他在北方先后投靠了陶谦、吕布、曹操、袁绍等人，却始终没能建立起自己的根据地。后来袁绍战败，他又去荆州刺史刘表那里投靠，被安排驻扎在新野。一次，他和刘表饮酒，中途去了一趟厕所，回来时，脸上却有了泪痕。刘表奇怪地问出了什么事，刘备伤感地说："从前我南征北战，常年骑马，大腿内侧从不长肉，刚才却看见那里长出了肥肉。想到自己年纪已大，功业未成。实在可恨啊！"

　　要成大事，就要有人才。刘备征战多年，手下也汇聚了不少人才。关羽、张飞是他的结义兄弟，能征善战的赵云是他的帐下猛将，可算来算去，他身边独独缺少一位谋士。为了弥补这个缺憾，他就去了一向藏龙卧虎的襄阳。

　　他首先见了名士司马徽，向司马徽请教当地有什么杰出的人才，司马徽说："知道天下大势的往往是才能出众的俊杰之士。本地的两个俊杰，一位是诸葛亮，住在卧龙岗，人称'卧龙先生'；一位是庞统，人称'凤雏'。"

刘备本想去找庞统，只可惜庞统那时已经去了江东，而剩下的那个诸葛亮又是个才二十多岁的毛头小子，毫无经验。刘备思前想后，衡量再三，终于作罢。

刘备再次听到诸葛亮之名，是从他的军师徐庶嘴里。长坂坡之战后，由于母亲为曹军所获，徐庶不得不离开刘备，前去曹营。临行前，他也向刘备推荐了诸葛亮："我有个老朋友叫诸葛亮，才华远在我之上，主公如果能得到他，一定是一大助力。"

刘备很欣赏徐庶的才干，相信了他的推荐，欢喜地说："好啊，那赶快把他请来吧。"

徐庶摇摇头："他这样的人是不肯自己来的，还得委屈主公亲自跑一趟。"

诸葛亮老家本在琅琊郡阳都县，他早年丧父，叔父诸葛玄因为和刘表是朋友，就带着他来到了荆州。诸葛玄去世后，他就在隆中定居下来，

一边种地，一边读书。他学问渊博，常常把自己比作一代名相管仲、乐毅。不过他不看好刘表，不肯去帮他，只在隆中过着平静的生活。

既然徐庶那般言语，上门一趟也没什么。决定之后，刘备就带上了关羽、张飞，风尘仆仆地赶到卧龙岗，想要拜访诸葛亮，没想到居然扑了空。

过了些时候，刘备又去拜访。这次诸葛亮前一天就去了朋友那儿，又没见到。

一连碰了两次壁，转眼就到了春天。这次，刘备特意挑了个好日子。张飞、关羽两兄弟很不乐意，气冲冲地说："这诸葛亮架子也太大了吧！"

刘备摇摇头，好说歹说地说服了两兄弟，带着他俩第三次去卧龙岗。

这次诸葛亮正好在家，可他还在午睡未起。

刘备很有耐心地等在门外，已经等了这么久了，还在乎这一点时间吗？

等了好半天，诸葛亮才醒过来，听到书童说门外有客人已等候多时，连忙穿戴整齐，前来迎接他们。

刘备把关羽、张飞留在外面，和诸葛亮在室内见面，坦率地说："如今汉室衰落，我有心重振汉室，却才疏学浅，不知先生对天下大势有什么看法？"

诸葛亮先是详细分析了曹操、孙权等人的现状与荆州、益州的形势，最后说："曹操挟持天子以号令天下诸侯，又一统北方，我们无法与他争锋。孙权父兄三代把江东经营得如铁桶一般，又有长江天险，更是难以攻打，只能和他联合。唯有荆州的刘表年事已高，两个儿子又不成器，还有益州刘璋，也很是软弱无能。如果您能利用时机占领荆、益两州，建立根据地，然后整顿内政，发展生产，安定民生，保护根基，再安抚、联合四方的少数民族，联吴抗曹，形成三足鼎立之势。等到时机成熟，就荆州、益州两路进军，消灭曹操。到那时，再打出您皇室后代的旗号，有谁不欢迎将军呢？"此番见解，就是著名的"隆中策"。

　　经过交谈后，刘备对诸葛亮的才干大为佩服，激动地拜他为军师，邀请他下山和自己一起打天下。诸葛亮被刘备的诚意打动，答应了。

　　刚开始的时候，关羽和张飞认为诸葛亮年纪轻轻，未必有多大能耐，背地里议论不停，对诸葛亮也不友好。刘备说："我有了孔明先生，如同鱼儿得到水一样。"这才止住了他们的议论。从此，诸葛亮一心一意辅助刘备，他智谋无双，为刘备势力的发展起到了巨大的作用。

学海/拾贝

☆ 得贤人，国无不安，名无不荣；失贤人，国无不危，名无不辱。

☆ 故贤主之于贤者也，物莫之妨，戚爱习故不以害之，故贤者聚焉。

☆ 贤者所聚，天地不坏，鬼神不害，人事不谋，此五常之本事也。

自　知

名师导读

　　本篇论述君主"自知"的重要性。所谓"自知"，即了解自己的不足，作者认为君主的"存亡安危"，主要取决于此；而君主欲自知，则需要有敢于进谏的直士。文章首段提出论点，第二段重点讲不自知的危害，第三段用敲钟者怕别人听到钟声而来抢夺钟于是捂上自己耳朵的故事，比喻君主不想听他人批评意见的愚蠢行为，最后一段通过魏文侯与任座、翟黄的对话，指出"贤主"应有容忍直言之士的雅量。

【原文】

　　欲知平直，则必准绳①；欲知方圆，则必规矩②；人主欲自知，则必直士。故天子立辅弼，设师保，所以举③过也。夫人故不能自知，人主犹其。存亡安危，勿求于外，务在自知。

扫码看视频

　　尧有欲谏之鼓④，舜有诽谤之木⑤，汤有司过之士，武王有戒慎之鼗⑥，犹恐不能自知。今贤非尧、舜、汤、武也，而有掩蔽之道，奚繇⑦自知哉？荆成、齐庄不自知而杀，吴王、智伯不自知而亡，宋、中山不自知而灭，晋惠公、赵括不自知而虏，钻荼、庞涓、太子申不自知而死，败莫大于不自知。

范氏之亡⑧也，百姓有得钟者。欲负而走，则钟大不可负。以椎毁之，钟况然有音。恐人闻之而夺己也，遽掩其耳。恶⑨人闻之可也，恶己自闻之，悖矣。为人主而恶闻其过，非犹此也？恶人闻其过尚犹可。

魏文侯燕饮，皆令诸大夫论己。或言君之智也。至于任座，任座曰："君不肖君也。得中山不以封君之弟，而以封君之子，是以知君之不肖也。"文侯不说，知于颜色。任座趋而出。次及翟黄，翟黄曰："君贤君也。臣闻其主贤者，其臣之言直。今者任座之言直，是以知君之贤也。"文侯喜曰："可反⑩欤？"翟黄对曰："奚为不可？臣闻忠臣毕其忠，而不敢远其死。座殆⑪尚在于门。"翟黄往视之，任座在于门，以君令召之。任座入，文侯下阶而迎之，终⑫座以为上客。文侯微⑬翟黄，则几失忠臣矣。上顺乎主心以显贤者，其唯翟黄乎？

【注释】

①准绳：用来测定物体平直的器具。文中指墨线。

②规矩：用来画方形和圆形的两种工具。文中指圆规和矩尺。

③举：举发，提出。

④欲谏之鼓：想进谏时所敲的鼓。

⑤诽谤之木：书写批评意见而立的木桩。

⑥戒慎之鼗（táo）：让进谏的人摇的拨浪鼓。鼗，两旁缀灵活小耳的小鼓，有柄，执柄摇动时，两耳双面击鼓作响。俗称"拨浪鼓"。

⑦奚翅（yóu）：哪里算得上。

⑧亡：逃走，出逃。

⑨恶：不愿意。

⑩反：同"返"。

⑪殆：大概。

⑫终：终生。

⑬微：没有。

【译文】

要想知道平直，就必须用墨线来测定；要想知道方圆，就必须用圆规和矩尺来测定；君主要想知道自己有哪些过失，就必须用正直之士。所以天子设立辅弼大臣，设置师保，用来举发天子的过失。人本来就很难了解自己的过失，天子尤其严重。是存续还是灭亡，是安定还是危险，不用到外部去寻求答案，关键在于了解自己的过失。

尧有供进谏之人敲击的鼓，舜有供书写批评意见的木柱，商汤有主管纠正过失的官员，周武王有供告诫君主之人所用的摇鼓。即便如此，他们还是担心不能知道自己的过失。现在的君主，他们不及尧、舜、汤、武的贤明，却采用掩蔽视听的做法，这还怎么去了解自己的过失呢？楚成王、齐庄公由于不了解自己的过失而被杀害，吴王、智伯也是因为不自知过失而被杀害，宋、中山因此而亡国，晋惠公、赵括也因此被俘虏，钻荼、庞涓、太子申更是因此兵败身死，所以最大的失败莫过于不了解自己的过失。

范氏出逃的时候，有个人得到了他的

一口钟。此人想要背着钟跑，可是钟太大了，没法背。于是他就想用木槌把钟敲碎带走，但是用木槌敲钟，钟声就会响起。他担心别人听见钟声会和他抢钟，就急忙把自己的耳朵捂起来。不愿让他人听到声音是可以的，不愿让自己听到声音就是糊涂了啊。作为君主，不愿听到自己的过失，和这个人有什么差别？不愿让他人听见自己的过失倒还说得过去，不愿让自己听到自己的过失就太糊涂了。

魏文侯举办宴饮，让在座的士大夫评论自己。有的人说君主很仁义，有的人说君主很英明。轮到任座时，他说："您是个不贤明的君主。您得到中山国以后，不把它封给您的弟弟，却把它封给您的儿子，所以您不贤明。"魏文侯听完后很不高兴，可以从脸色上看出来。任座快步走了出去。接着按次序轮到翟黄，他说："陛下您是个贤明的君主。我听说君主如果很贤明，他的臣子言语就很直率。现在任座言语很直率，由此显示您是个贤明的君主。"魏文侯听了很高兴，道："还可以让他回来吗？"翟黄道："为什么不可以呢？我听说忠臣竭尽忠心，即使因此获死也不会远离君主。所以他大概还在宫门口。"翟黄出去一看，任座当真还在宫门口，翟黄就以君主的命令召他进去。任座进来，魏文侯走下台阶去迎接他，此后终生把他待为上宾。魏文侯要是没有翟黄，就差点儿失去忠臣。对上能够顺应君主的心意，而使士得到应有的尊重，像这样的人大概只有翟黄了吧！

名师点评

　　本篇讲的是君主要听取直言、了解自己的过失的道理，对于我们普通人也有教育意义。喜欢听表扬的话，不愿听批评的话，几乎是人与生俱来的一种天性。可是每个人都难免有不足，犯过错，这些不足和过错如果无人指出，我们可能很难发觉，因而也就难以纠正，会影响我们的提升和进步。

延伸/阅读

螳螂捕蝉，黄雀在后

春秋时，吴王准备攻打楚国，怕臣子反对，下了一道命令：谁敢劝阻出兵，就砍下谁的脑袋。

舍人中有个叫少孺子的人知道这件事后，认为攻楚会造成后患。于是有一天，少孺子拿了把弹弓在王宫后园打鸟，故意让吴王看见，并借机说自己看到了一件有趣的事。他说："我在打鸟的时候，看到一棵树上有只蝉正在喝露水，它不知道螳螂正在背后弯着身子，屈着前肢将要捕捉它。螳螂往前爬却不知道黄雀正在伸长脖子，想把螳螂吃掉。黄雀只等美餐一顿，却不知我正拿着弹弓在等着射它。蝉、螳螂和黄雀都一心想得到眼前的利益，却没有顾到它们的后面有祸患啊！"

吴王顿时明白了，少孺子是在规劝自己不要贸然出兵攻打楚国，以免造成祸患。于是，吴王下令停止出兵。

学海/拾贝

☆ 欲知平直，则必准绳；欲知方圆，则必规矩；人主欲自知，则必直士。

☆ 恶人闻之可也，恶己自闻之，悖矣。为人主而恶闻其过，非犹此也？

☆ 臣闻其主贤者，其臣之言直。

博 志

名师导读

　　本篇题目中的"博"字，一般认为是"抟"字的讹写。所谓抟志，即聚集心志于一件事的意思。文章认为，要想把一件事情做好，就必须集中精力，专心致志，去除各种妨害此事的因素的干扰。一开头先将建立功名的"先王"和事业无成的"俗主"进行对比，指出二者的差异就在于做事时能否去除妨害其事之因素的干扰。接着用獐虽跑得快却因不时回头而终遭捕捉等事例，说明不能去除干扰的危害性。然后用冬夏不可能同时出现等现象，说明做事不要想一下子把好处占全，而应做适当选择。而后则列举孔子、墨子、宁越、养由基、尹儒等圣贤的事迹，论证无论是学习"先王之术"，还是学习射箭或驾车技艺，其成功的关键都在于专心致志，不受其他事务干扰。

【原文】

　　先王有大务①，去其害之者，故所欲以必得，所恶以必除，此功名之所以立也。俗主则不然，有大务而不能去其害之者，此所以无能成也。夫去害务与不能去害务，此贤不肖之所以分也。

　　使獐疾走，马弗及至，已而得者，其时顾②也。骥一日千里，车轻也；以重载则不能数里，任③重也。贤者之举事也，不闻无功，然而名不大立、利不及世者，愚

扫码看视频

不肖为之任也。

冬与夏不能两刑④，草与稼不能两成，新谷熟而陈谷亏，凡有角者无上齿，果实繁者木必庳⑤，用智褊⑥者无遂功，天之数也。故天子不处⑦全，不处极，不处盈。全则必缺，极则必反，盈则必亏。先王知物之不可两大，故择务，当⑧而处之。

孔、墨、宁越，皆布衣之士也，虑于天下，以为无若先王之术者，故日夜学之。有便于学者，无不为也；有不便于学者，无肯为也。盖闻孔丘、墨翟，昼日讽诵习业，夜亲见文王、周公旦而问焉。用志如此其精也，何事而不达？何为而不成？故曰："精而熟之，鬼将告之。"非鬼告之也，精而熟之也。今有宝剑良马于此，玩之不厌，视之无倦；宝行良道，一而弗复。欲身之安也，名之章⑨也，不亦难乎？

宁越，中牟之鄙人也。苦耕稼之劳，谓其友曰："何为而可以免此苦也？"其友曰："莫如学。学三十岁则可以达矣。"宁越曰："请以十五岁。人将休，吾将不敢休；人将卧，吾将不敢卧。"十五岁而周威公师之。矢之速也，而不过二里止也；步之迟也，而百舍⑩不止也。今以宁越之材而久不止，其为诸侯师，岂不宜哉？

养由基、尹儒，皆文艺⑪之人也。荆廷尝有神白猿，荆之善射者莫之能中，荆王请养由基射之。养由基矫弓操矢而往，未之射而括中之矣，发之则猿应矢而下，则养由基有先中中之者⑫矣。尹儒学御，三年而不得焉，苦痛之，夜梦受秋驾⑬于其师。明日往朝其师，望而谓之曰："吾非爱道也，恐子之未可与也。今日将教子以秋驾。"尹儒反走，北面再拜曰："今昔臣梦受之。"先为其师言所梦，所梦固秋驾已。上二士者，可谓能学矣，可谓无害之矣，此其所以观后世已。

【注释】

①大务：大事。

②顾：回头看。

③任：负担。

④刑：成，成就。这里指到来。

⑤庳：低矮。

⑥褊：狭隘。

⑦处：做。

⑧当：适宜。

⑨章：彰显，显赫。

⑩舍：古时行军以三十里为一舍。

⑪文艺：此指技艺精通。文，善。艺，技艺。

⑫有先中中之者：指具有在射中实际目标之前就能从精神上把它射中的技艺，极言技艺纯熟。

⑬秋驾：一种驾驭车马的高超技术。

【译文】

先王如果做大事，就要消除妨害他的因素，因此他要求的必会得到，他憎恶的必会除掉，这是他能功成名立的原因。平庸的君主却不是这样，做大事却不能消除妨害他的因素，这就是他不能成功的原因。能不能消除妨害事务的因素，这是判断君主是否贤能的关键所在。

假如獐快速地奔逃，马是追不上它的。但是獐很快就被捕获，这是因为它性情多疑，奔逃时总是时时回头张望。骏马日行千里，是因为车子轻，没有装载重物；如果让它载着重物前行就走不了几里路，是因为它负担过重。贤能的人做事绝不是没有效果，但是名声无法显赫、福泽不能惠及后世，是因为有愚昧不贤的人拖累他。

冬、夏两季不能同时到来，野草和庄稼不能同时长大，新粮成熟时旧谷定会有亏缺，大凡长角的动物没有上齿，果实繁茂的树一定长得低矮，心胸狭隘的人做事不会成功，这就是自然的法则。所以天子做事不求完美，不走极端，也不图圆满。完美就会转向缺损，极端就会转向反面，圆满就会转向亏失。先王明白事物不可能方方面面都同时发展壮大，所以会选择适宜的事情来做。

孔子、墨翟、宁越，都是平民出身，是没有地位的读书人。他们心怀天下，认为没有比先君之道更重要的事情了，所以昼夜学习。有利于学业的事，他们无所不为；不利于学业的事，他们就不去理会。据说孔丘、墨翟白天背诵经典、研习学业，夜里就梦见了周文王和周公旦，还当面向他们请教。他们用心如此精深，还有什么事情办不成呢？所以说："专心学习，鬼将告之。"并不是真的有鬼告诉他们什么，而是他们专一学习所致啊。假如面前有宝剑良马，人们会不知疲倦地玩赏；但对于那些宝贵的学说和行为，却只是稍加尝试就不再苦心钻研。这样还想求得自身平安、名声显赫，不是很难吗？

宁越是中牟之地的乡野之人。他认为耕作很辛苦，对他的朋友说："怎么做才能免除这样的困苦呢？"他的朋友回答道："做什么都

不如学习。学习三十年就可以有成就了。"宁越道："那我就用十五年的时间来实现它。别人休息，我不敢休息；别人睡觉，我不敢睡觉。"他这样学习了十五年后，成了周威王的老师。箭的速度很快，但射程却不会超过二里，因为它飞一段就会停下来；人行走的速度很慢，却可以到达几百里以外的地方，因为脚步一直没有停止。而今凭借宁越的才干，加上长久不停的努力，他成了诸侯的老师，难道不应该吗？

养由基、尹儒都是具有高超技艺的人。楚国朝廷中曾经出现了一只神奇的白猿，楚国擅长射箭的人没有一个能射中它，楚王就让养由基来射。养由基带着弓箭去了，还没有开始射，就已经在心里把白猿射中了，箭一射出去，白猿果然应声坠落，这是因为养由基具有在射中实际目标之前就已经在心中射中它的高超技艺。尹儒学习驾车，学了三年还没有学成，他感到非常苦恼，夜里做梦，梦见从老师那里学到了秋驾的技艺。第二天到老师家里拜访，老师一见他就说："我从前并非吝惜技艺不肯教你，而是担心你还不能领会。今天我就教你秋驾的技艺。"尹儒转身后退了几步，向北再拜说："昨晚我已经在梦中学会了。"他向老师叙述梦中学到的东西，果真是秋驾的技艺。以上两位士人，可以算得上善于学习的人了，可以说没有什么能够妨害他们了，这正是他们扬名后世的原因啊！

点评名师

本篇讲述的是专心致志的重要性，主张人们无论做什么事情，务必排除各种干扰，一心一意，"精而熟之"，才能达到出神入化的境界，取得杰出成就。我们学习时也要专心致志，努力钻研，这样才能把知识学牢靠，将来为社会做出贡献。

延伸/阅读

孔子学琴

两千多年来，孔子一直是中国文人心目中不可撼动的高山，他的思想观念早已融入华夏子孙的血液，并传播到各地，被尊为"圣人"。

孔子名丘，字仲尼，公元前551年出生在春秋时期鲁国陬邑（今山东曲阜东南）一个破落贵族家庭，他的父亲孔纥曾是鲁国的一名武官。

孔子年幼丧父，家境清贫。十五岁时，他就立志发愤读书，出人头地。

有一次，他向鲁国乐官师襄子学弹一支名曲，一连弹奏了十日也不换个别的曲子。师襄子建议他学习新乐曲，孔丘说："我已经熟悉这支曲子了，但还没有领悟弹奏它的技术。"

过了些时候，师襄子说："你已经掌握了弹奏这支乐曲的技术，可以学新乐曲了。"孔丘说："我还没有领悟它的用意。"

又过了一段日子，孔丘仍在弹那支曲子，师襄子不耐烦地说："你已经了解它的用意，可以学新乐曲了。"

孔丘说："我还没有领悟它描写的人物形象呢。"又过了一些时候，孔丘终于停下不弹了，他默然有所思，向远处眺望，说："我可能领悟到了，这人又高又大，皮肤很黑，眼睛向上看，好像要统一四方，这不就是周文王吗？"师襄子听了非常惊讶，说："这支曲子就叫作《文王操》啊！"

经过多年的刻苦努力，孔子精通了礼、乐、射、御、书、数六艺，最终成为一位知识渊博、才华出众的哲人。而鲁国丰富的文化典籍和深厚的

礼乐传统，对孔子思想的成熟也产生了很大的促进影响。

学海/拾贝

☆ 先王有大务，去其害之者，故所欲以必得，所恶以必除，此功名之所以立也。

☆ 故天子不处全，不处极，不处盈。全则必缺，极则必反，盈则必亏。

☆ 故曰："精而熟之，鬼将告之。"非鬼告之也，精而熟之也。

☆ 矢之速也，而不过二里止也；步之迟也，而百舍不止也。